LAURA ASHLEY

Peinture & papier peint

LAURA ASHLEY

Peinture & papier peint

Texte de Susan Berry

Adaptation française d'Ariel Marinie

Photographies de Jan Baldwin

GRÜND

GARANTIE DE L'ÉDITEUR

Pour vous parvenir à son plus juste prix, cet ouvrage a fait l'objet d'un gros tirage. Malgré tous les soins apportés à sa fabrication, il est malheureusement possible qu'il comporte un défaut d'impression ou de façonnage. Dans ce cas, ce livre vous sera échangé sans frais.
Veuillez à cet effet le rapporter au libraire qui vous l'a vendu ou nous écrire à l'adresse ci-dessous en nous précisant la nature du défaut constaté. Dans l'un ou l'autre cas, il sera immédiatement fait droit à votre réclamation.
Librairie Gründ - 60, rue Mazarine - 75006 Paris.

Adaptation française d'Ariel Marinie
Texte original de Susan Berry
Secrétariat d'édition : Claire Marchandise

Première édition française 1995 par Librairie Gründ, Paris

ISBN : 2-7000-5393-1
Dépôt légal : septembre 1995
Édition originale 1995 par EBURY PRESS
sous le titre original *Decorating with Paint and Paper*

Photocomposition : COMPO 2000, Saint-Lô
Imprimé chez Butler and Tanner, Grande-Bretagne

Sommaire

Avant-propos

La décoration intérieure a pris de plus en plus d'importance durant les quinze dernières années au cours desquelles le goût s'est affirmé : la décoration est devenue une forme d'expression, révélatrice de la personnalité de chacun.

Laura Ashley a été à l'avant-garde de cette tendance en introduisant dans toutes les maisons des idées et des matériaux sophistiqués. Quel meilleur conseil en décoration pourrait-on avoir ? En effet, Laura Ashley a créé pendant ces vingt-cinq dernières années, plus de cinquante motifs de papiers peints, de tentures et de tissus d'ameublement par an.

Les amateurs de décoration ne savent pas toujours par où commencer ni comment s'y prendre pour obtenir les effets souhaités. Ce livre étudie l'utilisation de la couleur, de la lumière et de l'espace, l'effet des rayures et des textures, ainsi que les techniques de pose du papier peint et les diverses finitions.

Les projets présentés qui vont d'un style traditionnel à un style beaucoup plus personnel, vous serviront de point de départ pour imaginer vos propres décors.

Chaque chapitre est consacré à une pièce différente et s'ouvre sur la photographie d'un intérieur décoré par nos soins pour la réalisation de ce livre. Regorgeant d'idées de décoration accessibles à toutes les bourses, cet ouvrage propose des conseils pratiques, étape par étape, pour vous permettre d'obtenir les effets désirés. Ce livre vous donnera l'inspiration et l'audace pour créer un intérieur digne de vous et le rendre aussi agréable que vous le souhaitez.

Emma Ashley

À partir d'une simple combinaison de peinture et de papier (dans le cas présent, le motif rose de Normandie de Laura Ashley) vous pouvez créer des effets décoratifs pleins de fraîcheur convenant à n'importe quelle pièce de la maison.

CHAPITRE 1

Définir un style

Décorer une pièce peut permettre de la métamorphoser complètement, et l'on trouve maintenant dans le commerce un vaste choix de peintures et de papiers. Bien que la faculté de visualiser l'effet d'ensemble soit l'une des plus grandes difficultés de la décoration pour les amateurs, ils peuvent obtenir des résultats dignes d'un professionnel en s'inspirant de bonnes idées et en suivant des conseils pratiques judicieux.

Le point de départ consiste à définir vos goûts. Le concept de goût et de style fascine les gens, mais peu d'entre eux ont une idée claire de ce qu'ils entendent par ces termes. En fait, il s'agit plus de savoir assembler les objets que d'en déterminer la valeur. Les gens qui possèdent un sens inné du style, qui ont fondamentalement bon goût, évitent d'instinct d'introduire des éléments susceptibles de rompre l'harmonie d'un décor. La combinaison des éléments peut être excentrique, mais chacun d'eux doit contribuer à l'harmonie de l'ensemble. Aussi est-il essentiel de savoir ce que vous aimez. Le meilleur moyen de le découvrir est de feuilleter des magazines, des catalogues et des livres spécialisés, en notant les intérieurs et les harmonies de couleurs qui vous séduisent particulièrement.

Ces taches de peinture un peu excentriques vont remarquablement bien avec l'aspect traditionnel de la maison, mettant en valeur les éléments architecturaux de la pièce — la haute cheminée et la grande fenêtre de style géorgien. Elles forment également un heureux contraste avec le plancher et les meubles de bois foncé, introduisant de la lumière dans une pièce sombre. Le réchampissage des peintures est conforme à la tradition de l'époque, mais l'application inattendue des taches de couleur donne un air plus moderne à ce décor.

ASPECTS DE LA COULEUR

Pour beaucoup de gens, la clef, c'est la couleur. Que nous en soyons conscients ou non, les couleurs affectent notre humeur. De nombreuses études, sérieuses et bien documentées, ont été faites sur les effets psychologiques des couleurs, mais les conclusions peuvent être trompeuses. On sait que certaines couleurs ont des effets psychologiques spécifiques — ainsi, le bleu est considéré comme une couleur apaisante, le rouge et le jaune comme des couleurs stimulantes. Les couleurs ont aussi un impact sur l'aspect d'une pièce, non seulement en termes de confort et d'agrément, mais en termes d'espace. Le rouge, l'orange et le jaune ont l'air d'avancer vers vous et par conséquent tendent à faire paraître les pièces plus petites, tandis que le bleu et le violet semblent reculer, faisant paraître les pièces plus spacieuses. Mais, avant de vous laisser entraîner par ce genre de considération, songez aux nombreuses variations que subissent les couleurs. Le rouge, généralement considéré comme une couleur « chaude », le devient beaucoup moins lorsqu'on y ajoute du bleu, tandis que le bleu, une couleur dite « froide », peut paraître beaucoup moins froide si l'on y met une touche de jaune. En outre, une pièce bleue « froide » peut être « réchauffée » grâce à l'introduction de tissus et de meubles roses.

L'éclairage naturel d'une pièce a aussi une incidence sur la couleur des murs. La lumière que reçoit une pièce orientée vers l'ouest est plus chaude et plus dorée que celle d'une pièce orientée vers l'est ou le nord. L'orientation vers le nord est généralement considérée comme celle qui assure la lumière la plus blanche et la plus pure. Lorsque vous êtes à la recherche de l'harmonie de couleurs d'une pièce, tenez compte, non seulement de l'orientation de celle-ci, mais aussi de sa fonction : s'agit-il d'une salle à manger, d'une chambre, d'un salon, d'une salle de bains ou d'une cuisine ? Combien de temps y passerez-vous ? S'il s'agit d'une salle de séjour, le choix d'une couleur forte est déconseillé, car elle sera trop omniprésente dans votre vie, tandis que la même intensité de couleur ne posera aucun problème dans une salle de bains. De même, si votre chambre n'est pour vous qu'un endroit où dormir, plutôt qu'un endroit où vous vous installez pour lire ou même pour travailler, vous pouvez vous montrer plus audacieux. Là, cependant, il conviendra de vous demander si une harmonie de couleurs plus douces n'aurait pas un effet plus apaisant pour le soir.

Il faut tenir compte des proportions de la pièce que vous décorez lors du choix d'une harmonie de couleurs, car celles-ci vous permettent de créer toutes sortes d'illusions optiques — ainsi vous pouvez donner l'impression que le plafond est plus ou moins haut, les couloirs plus ou moins longs, vous pouvez faire en sorte qu'une pièce tout en longueur semble plus rectangulaire, etc. La règle veut que les couleurs foncées réduisent les dimensions apparentes d'une pièce, lui donnant un aspect plus douillet, tandis que les couleurs claires agrandissent l'espace.

Bien séparer les couleurs tend aussi à faire paraître les pièces plus petites. Un appartement de taille modeste semblera plus grand si vous optez pour une couleur murale unique et pour un plancher uniforme.

Les couleurs claires, comme le blanc, ainsi qu'on le voit dans cette chambre, créent une impression d'espace et de luminosité, mais aussi de relative froideur. Au contraire, les couleurs foncées et riches comme le rouge tendent à réduire les dimensions apparentes d'une pièce, mais lui donnent en revanche l'air plus intime. Vous pouvez vous servir de cet effet pour modifier l'architecture de votre maison.

CONTINUITÉ DU STYLE

Efforcez-vous de considérer votre maison ou votre appartement comme une série d'espaces reliés entre eux. Il faut savoir qu'une pièce est visible de la pièce voisine. Cherchez le moyen de donner une certaine continuité à votre décor, en transposant, par exemple, l'un des éléments d'une pièce dans l'autre, qu'il s'agisse de la couleur du revêtement du sol ou de celle des murs, voire du style du mobilier.

L'attention que vous prêterez aux détails peut, elle aussi, contribuer à créer un sentiment de continuité. Une bordure ou une frise courant d'une pièce à l'autre à même hauteur, même si elle change de motif et de couleur, permettra de relier ces deux pièces entre elles.

Une autre astuce consistant à utiliser la même harmonie de couleurs, mais en inversant la manière dont celles-ci sont utilisées, permet également de renforcer l'impression de continuité sans devenir ennuyeux. Si vous employez des papiers peints et des peintures appartenant à une gamme coordonnée, vous pouvez avoir le même motif pour un lambris dans deux pièces voisines, mais avec des couleurs différentes.

L'inversion des harmonies de couleurs dans des pièces attenantes peut également permettre d'obtenir des effets intéressants en termes d'espace et de proportions. À partir d'une même palette, mais en utilisant la couleur sombre pour les peintures et pour les murs et un papier plus clair dans une pièce, puis un papier plus foncé dans la pièce adjacente, mais avec des peintures pastel, on crée une impression d'ensemble.

Certaines maisons donnent une impression de continuité, bien que le contenu et les harmonies de couleurs diffèrent d'une pièce à l'autre. On peut créer une impression de continuité en utilisant des couleurs qui, même si elles ne sont pas assorties, s'harmonisent néanmoins. Aujourd'hui, ce n'est pas seulement le choix des couleurs qui importe, mais l'utilisation que vous en ferez d'un bout à l'autre de votre demeure. Pour agrandir l'espace, utilisez une palette de couleurs semblable d'une pièce à l'autre, mais en introduisant des variations de teintes ou utilisez le ton pour nuancer une couleur à l'intérieur d'une même pièce, du plancher au plafond. Appliquées aux murs ou derrière les étagères d'une alcôve, les nuances plus sombres donneront à la pièce une ambiance plus intime.

CI-CONTRE Une enfilade de pièces reliées entre elles par une combinaison astucieuse de motifs et de couleurs. Il est communément admis que le jaune et le bleu s'accordent mais l'introduction inattendue de terre de Sienne brûlée apporte une touche bienvenue dans la mesure où cette couleur est utilisée avec modération avec du blanc. Remarquez l'emploi inversé des couleurs sur le treillis au-dessous de la moulure de lambris. Du fait que l'encadrement de la première porte et celui de la fenêtre du fond sont bleus, l'encadrement de porte jaune qui se trouve placé au milieu fait ressortir l'effet d'ensemble. Simples et peu conventionnels, ces couleurs et ces effets de peinture s'associent pour créer un décor gai.

MÉLANGER LES COULEURS

Trouver des couleurs et des harmonies de couleurs qui s'accordent est sans doute le point le plus difficile de la décoration pour les amateurs. On a l'impression qu'il suffit de peu de chose pour tout gâcher, et c'est pourquoi les gens optent si souvent pour des choix sûrs et des harmonies qui ont fait leurs preuves.

Certaines personnes saisissent d'instinct quelles couleurs vont bien ensemble. Beaucoup, cependant, y compris de nombreux décorateurs d'intérieurs et autres professionnels, ont dû surmonter un manque de confiance initial concernant les harmonies de couleurs en apprenant à comprendre les aspects techniques de celles-ci. Des livres entiers ont été écrits sur la théorie de la couleur, mais ce qui compte, c'est de savoir différencier les couleurs.

Il existe trois couleurs primaires : le jaune, le rouge et le bleu. Toutes les autres sont obtenues à partir du mélange de ces trois couleurs, avec adjonction de blanc pour les rendre plus claires (teintes) ou de noir pour les rendre plus foncées (nuances). La couleur complémentaire de chacune de ces couleurs est celle que l'on obtient en mélangeant les deux autres. Ainsi, la couleur complémentaire du rouge est le vert (jaune plus bleu), la couleur complémentaire du jaune est le violet (rouge plus bleu) et la couleur complémentaire du bleu est l'orange (rouge plus jaune).

Les couleurs saturées — c'est-à-dire celles qui ne contiennent ni blanc ni noir — sont naturellement vives. Mais si l'on place ces couleurs franches à côté de couleurs qui ont été « rompues » par l'adjonction de noir, on obtient un effet étrange. Quelles que soient les couleurs utilisées, la juxtaposition d'une couleur vive et d'une couleur terne peut être gênant. L'association de couleurs qui ont été atténuées au même degré par l'adjonction de quantités similaires de noir produit un effet plus harmonieux. Vous pouvez utiliser des couleurs saturées en même temps que des teintes ou des nuances contrastées tant que vous respectez l'équilibre. Il vous faut déterminer la couleur dominante, puis faire de la seconde couleur une tonique subsidiaire et en utiliser proportionnellement moins. Les murs pourraient ainsi être peints dans la couleur dominante et les boiseries dans la couleur subsidiaire, ou un sofa pourrait avoir la couleur principale, tandis que les canalisations seraient peintes dans la couleur subsidiaire.

Nous avons tous entendu dire que certaines couleurs s'accordent et d'autres non. « Ne juxtaposez pas du rouge et du rose », entend-on souvent répéter. En réalité, vous pouvez utilisez toutes les couleurs que vous voulez, à condition que le ton soit juste. Parmi les harmonies de couleurs présentées ici, il en est que vous auriez crues impossibles. Le secret réside dans la similarité de ton. Regardez celles qui sont un mélange de couleurs saturées et celles qui ont été rompues avec du noir. Vous verrez immédiatement que l'association choque, parce que votre œil est attiré par les couleurs les plus vives, tandis que celle à laquelle on a ajouté du noir semble terne en comparaison. Si cette même cou-

Les couleurs montrées ici incluent des teintes (couleurs auxquelles on a ajouté du blanc), des couleurs pures (pleinement saturées) et des nuances (couleurs auxquelles on a ajouté du noir).

Dans le nuancier du bas, vous pouvez voir comment les harmonies de couleurs pures, de teintes et de nuances, dans le cas présent du bleu et du jaune, se combinent pour donner différents effets, suivant les dimensions de la tache de couleur et sa densité.

1. Nuance de bleu / nuance de jaune
2. Nuance de jaune / nuance de bleu
3. Teinte de bleu / teinte de jaune
4. Teinte de jaune / teinte de bleu
5. Teinte de jaune / nuance de bleu
6. Nuance de bleu / teinte de jaune
7. Couleur franche de bleu / nuance de jaune
8. Couleur franche de jaune / nuance de bleu
9. Couleur franche de jaune / teinte de bleu
10. Couleur franche de bleu / teinte de jaune
11. Couleur franche de jaune / couleur franche de bleu
12. Couleur franche de bleu / couleur franche de jaune

Les rayures sont l'un des motifs qui font le meilleur effet. Simples et élégantes, elles ne se démodent jamais. Leur largeur et le degré de contraste entre les couleurs déterminent l'effet : les rayures bleues et blanches clairement définies (CI-DESSOUS) peintes à l'aide d'un fil à plomb et d'un ruban cache ont un aspect net et froid. Les rayures peintes au rouleau (voir page 131) qui associent l'ocre et la rouille (CI-CONTRE) ont un aspect plus chaud et légèrement plus doux, dû à leur définition moins nette et au choix de tons.

leur est juxtaposée à une couleur mate, l'effet est ravissant ! Tout cela pour dire que les harmonies de couleurs ne devraient comporter que des couleurs de même intensité. En fait, l'une des harmonies les plus faciles est celle qui se base sur des couleurs très proches, mais d'intensité différente.

Des taches très contrastées peuvent animer une harmonie de couleurs. Dans les années 1930, les beiges, crèmes et gris neutres fort prisés des décorateurs étaient souvent relevés par des accents de bleu intense, de corail et de bordeaux. Les couleurs complémentaires se mettent mutuellement en valeur, mais elles peuvent avoir un effet écrasant lorsqu'elles sont utilisées dans toute leur intensité et dans d'égales proportions. Aussi est-il fréquent qu'une couleur saturée soit associée à une teinte de sa couleur complémentaire. C'est là une astuce à laquelle on avait volontiers recours à l'époque de la Régence, associant volontiers aux rouges, jaunes et verts intenses des couleurs complémentaires.

JAWS
PAPILLON
Un bonheur insoutenable
The Two Mrs Grenvilles
LE GREC
COCO CHANEL SECRETE
Thomas Mann
LA MORT A VENISE
CHINESE

LES CONNOTATIONS STYLISTIQUES DE LA COULEUR

Les harmonies de couleurs ont leurs propres connotations, dans la mesure où certaines couleurs sont associées à certains styles. Les intérieurs inspirés du style suédois gustavien font un grand usage des bois clairs, cérusés, comme l'orme et le tilleul, ainsi que des murs et meubles peints en blanc ou en bleu clair. Les intérieurs mexicains introduisent des couleurs de terre chantantes telles que les ocres, les verts pomme, les roses chauds et les bleus céruléens, juxtaposés pour créer un contraste fort. Les maisons de campagne anglaises se caractérisent par une palette merveilleusement atténuée, tout en vieux roses, pêche, beige, vert Nil, avec des motifs discrets. Le style rustique français est tout en bleus Méditerranée et en gris légers que font contraster des ocres et des terres de Sienne brûlées.

L'élément coloré des styles propre à chaque pays était à l'origine fondé sur des matières brutes, puisque les peintures étaient produites à partir de pigments trouvés dans la terre ou dans les plantes. Mais maintenant que les peintures et les papiers sont teints à l'aide de teintures chimiques, ces harmonies de couleurs peuvent être recréées artificiellement.

Certaines périodes historiques se caractérisent par des associations de couleurs très nettes. Ainsi, il y a les riches rouges et ors de la Renaissance ; les délicats mêlés de crème et d'or du rococo ; les verts profonds, les bleus indigo, les jaunes paille, les bleus ciel, et les verts feuille éclatants du style géorgien, avec des portes et des plinthes brun chocolat ; les riches rouges, verts, bruns et bleus du style victorien ; et enfin les harmonies de couleurs neutres et les célèbres pièces complètement blanches des années 1930.

Le rose et le vert olive délavé utilisés dans cette pièce donnent une harmonie de couleurs inhabituelle mais réussie, la froideur du vert atténuant la chaleur du rose. Les couleurs sont également unifiées par les teintes du mobilier et des tapis. En fait, ceux-ci ont peut-être été le point de départ de cet agencement de couleurs original et frais.

L'INFLUENCE DU DESIGN

Tout au long de l'histoire, des architectes, des artisans et des designers tels que William Kent, Robert Adam, Thomas Sheraton, William Morris, Josef Hoffman, CFA Voysey, Mies van der Rohe, ont laissé leur empreinte sur la société et le goût du public. Comme toujours, designers et architectes ignorent les frontières géographiques. Les styles vont et viennent entre l'Europe et l'Amérique du Nord et plus loin encore. Ainsi, des

designs traditionnels de l'Extrême-Orient, des Antilles, de l'Afrique et de l'Amérique centrale et du Sud envahissent les intérieurs d'Europe et d'Amérique du Nord.

Réunir ces éléments disparates sous votre toit, peut cependant s'avérer difficile si vous ne tenez pas compte de quelques suggestions qui vous aideront à réaliser un mélange riche et harmonieux de textures, de couleurs et de formes.

Lorsque vous entreprenez la décoration d'une pièce, repérez d'abord les éléments qui ne peuvent pas être changés ou déplacés : la forme de la pièce, la hauteur du plafond, la forme et l'emplacement des fenêtres et des portes, la nature du plancher et tous les éléments d'architecture. Essayez de savoir ce qui, dans ces caractéristiques, vous plaît ou vous déplaît. Les fenêtres ont-elles une forme attrayante ? La porte est-elle faite d'un bois de qualité ? La pièce est-elle agrémentée de corniches, de moulures, de plinthes, de lambris ou de cimaises susceptibles de rompre la monotonie de l'espace ? Y a-t-il une belle cheminée ou au moins un manteau de cheminée flanqué d'alcôves ? Si la moquette est usée, le plancher qui se trouve au-dessous est-il de bonne qualité ? Les éléments qui ne vous plaisent pas au premier abord peuvent recéler des charmes cachés. Une cheminée recouverte de peinture écaillée peut révéler une surface merveilleusement satinée une fois que vous l'aurez grattée et polie. Une porte peinte peut en réalité être faite d'excellent bois de pin ou de chêne. Des planchers ternes peuvent reprendre vie si vous les peignez, les cérusez ou les teintez, à condition du moins qu'il soient en bon état. Vous pouvez rénover de vieux placards de cuisine en refaisant les panneaux de devant ou en habillant les anciens avec des couleurs et des textures plus attrayantes.

Il faut porter au mobilier un regard tout aussi critique et inventif. Un vieux buffet délabré peut être transformé en très joli meuble, de même que vous pouvez métamorphoser une chaise des plus ordinaires en quelques coups de pinceau. Entraînez-vous à ne voir que la forme d'ensemble des meubles sans vous laisser distraire par les peintures écaillées et les vernis jaunis.

La peinture et le papier peint permettent de retaper une pièce, voire une maison tout entière, à peu de frais. Grâce à un plan d'ensemble bien mûri, ils concourent à l'harmonie de la pièce.

CI-DESSUS Une frise peinte à la main fait ressortir une corniche bien commune en créant une impression de profondeur lorsqu'on la regarde de loin et en ajoutant à la subtilité des couleurs.

CI-CONTRE L'équilibre des rapports entre les couleurs complémentaires est l'art de la décoration réussie. Ici, le bleu est utilisé comme une teinte tonique froide destinée à contrebalancer le beige chaud dominant. De même, si vous ajoutez une note qui relève l'intérêt comme cette cheminée à carreaux, vous transformez instantanément une décoration quelconque en une décoration originale.

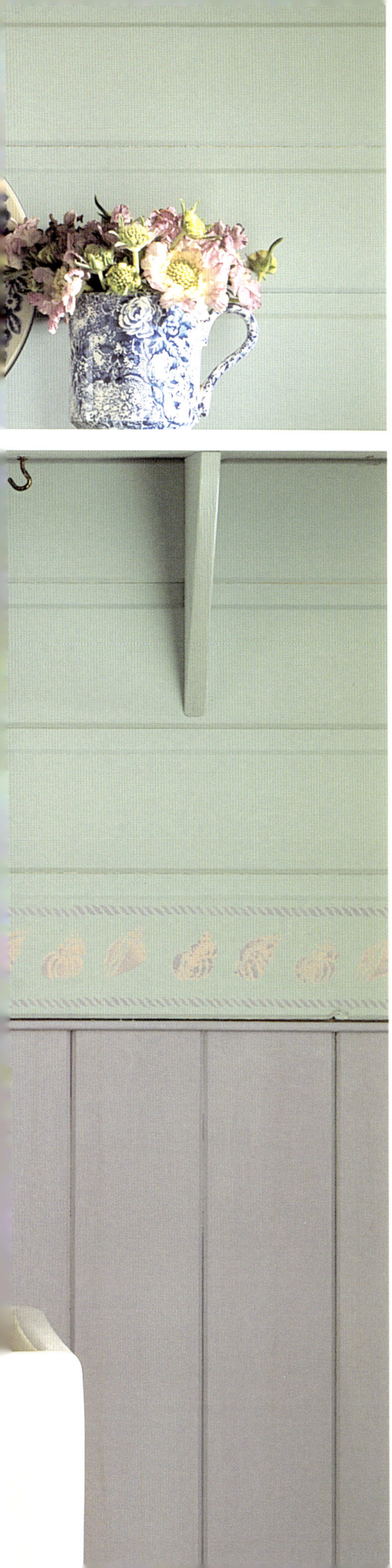

CHAPITRE 2

La peinture

Quand vous entrez dans une boutique pour acheter une boîte de peinture, vous ne vous demandez sans doute pas quelles sont les composantes de cette peinture. Pour le décorateur d'intérieur, c'est seulement de la peinture.

Mais même si de nos jours la peinture est fabriquée en usine à partir d'ingrédients chimiques, autrefois, elle était entièrement composée de produits naturels. Elle consistait simplement en pigments (un minéral naturel) liés par divers médiums aqueux ou huileux pour former une pâte qu'il suffisait d'appliquer sur les murs.

Selon les pays et les régions, on recourait à tel ou tel pigment local pour fabriquer les peintures, ce qui explique pourquoi, en France par exemple, on constate une prédominance de certaines couleurs sur les volets et les portes. Bien qu'aujourd'hui les peintures soient fabriquées industriellement, la tradition qui veut que l'on utilise ces couleurs spécifiques remonte à l'époque où les pigments étaient pilés et liés manuellement à partir de médiums locaux.

Parmi les pigments de terre couramment utilisés pour la fabrication des peintures, on trouve la terre de Sienne brûlée, une riche couleur brune qui vient de Sienne, en Toscane, et la terre d'ombre brûlée, un ocre brun plus rougeâtre, originaire d'Ombrie, également en Italie. La qualité de « brûlé » est obtenue en grillant le pigment brut. Le brun rougeâtre connu sous le nom d'ocre rouge est tiré du cuir de bœuf rouge et provient à l'origine du sous-continent indien, mais d'autres sources

Une couche de peinture peut transformer n'importe quelle pièce ou meuble en très peu de temps, lui donnant vie et couleur, sans grand effort de votre part et à peu de frais.

ont été découvertes par la suite. Les gisements de minéraux tels que le cuivre, le manganèse, l'étain, le silice et le lapis-lazuli constituent d'autres sources de pigments. Les couleurs de ceux-ci tendent à être plus vives et plus saturées que les pigments de terre ; certains, cependant, sont toxiques et doivent être manipulés avec précaution. Un autre groupe de pigments, qui inclut l'indigo, le safran, l'alizarine et l'orcanète, est dérivé de plantes qui produisent respectivement le bleu, le jaune, un rouge rosâtre et le cramoisi.

Rien ne vous empêche de faire vos propres mélanges de peintures, à condition que vous vous rappeliez un facteur essentiel : l'huile et l'eau ne se mélangent pas, ce dont il vous faut tenir compte lorsque vous faites votre préparation. L'opacité, l'épaisseur et la consistance générale de la peinture déterminent une grande partie de son caractère. Avec des techniques telles que la peinture à l'éponge ou au chiffon ou le « tirage » de la couleur, destinées à créer un effet de transparence, la consistance de la couche supérieure est capitale. Si elle est trop épaisse, la couche de fond ne transparaît pas et l'effet est perdu. Si elle est trop fine, vous ne pouvez pas la contrôler, et elle coule et dégouline le long des surfaces verticales.

Autrefois, le type de peinture utilisé pour la dernière couche était appelé un glacis et se composait d'un mélange de peinture à l'huile, de pigment et d'essence de térébenthine. Aujourd'hui, vous pouvez acheter ce genre de préparation prêt à l'emploi sous la forme de glacis, également appelé glacis à l'huile transparent. Vous pouvez acheter cette préparation préteintée ou la teinter vous-même en utilisant des peintures à l'huile pour artistes ou des teintures universelles. Il est très amusant de faire les préparations soi-même, mais il faut d'abord s'entraîner pour obtenir les nuances voulues. La meilleure solution est de se décider pour une gamme de trois ou quatre couleurs que l'on aime et de les mélanger soi-même. Sinon, choisissez l'une des gammes de peintures les moins accessibles, qui ont été préparées par des fabricants spécialisés dans le but d'obtenir des nuances « artistiques ».

Quelle que soit la peinture que vous choisirez, faites d'abord un essai sur une planche ou un bout de carton afin de vous assurer que la couleur, une fois sèche, s'intégrera bien à l'harmonie que vous avez en tête. Ainsi, non seulement vous aurez une meilleure idée de l'effet que produira cette couleur sur une grande surface.

CI-CONTRE Une couleur forte, appliquée à l'aide d'une technique douce, crée une impression de chaleur et de richesse. Ici, les murs ont été badigeonnés d'ocre-rouge pour créer un effet de plâtre brut. Servant de toile de fond aux poutres et aux meubles, cette couleur crée une impression d'intimité. Pour obtenir ce genre de couleur, badigeonnez au moins deux couches de glacis ocre-rouge par-dessus une couche de fond blanc cassé.

LA PEINTURE – LES BASES

Toute surface que vous vous préparez à peindre doit d'abord être apprêtée avec soin. En fait, c'est ce travail d'apprêt qui prend le plus de temps ; la peinture peut être appliquée en relativement peu de temps. La surface doit être propre, sans la moindre tache d'huile ou de graisse, afin que la peinture y adhère bien. Si cette surface est enduite de peinture laquée, il faut d'abord poncer celle-ci au papier de verre afin que la couche de peinture à venir adhère convenablement.

COMMENT APPRÊTER LES MURS

Assurez-vous que les plâtres sont en bon état avant de commencer à décorer. Des plâtres solides ne rendent pas un son creux lorsqu'on les tapote. Si les plâtres sont gonflés ou présentent des défauts graves, il faut les gratter et les faire refaire par un professionnel avant de vous mettre au travail. Les nouveaux plâtres doivent sécher pendant environ quatre semaines et devront ensuite être apprêtés à l'aide d'un enduit spécial ou d'une couche d'impression mélangée avec de l'eau. Cela fixe toutes les particules de poudre qui risqueraient autrement de s'écailler. Si les plâtres sont vieux mais n'ont jamais été peints, vous pouvez simplement les enduire d'une émulsion diluée (latex). Le placoplâtre doit également être apprêté à l'aide d'un apprêt spécial prêt à l'emploi ou avec de la peinture d'impression diluée.

Les murs déjà peints, même s'ils ne sont pas fissurés et ne s'écaillent pas, peuvent être nettoyés à l'aide d'un agent nettoyant puissant, par exemple un décapant, et de l'eau. Vous pouvez utiliser un détergent, mais cela vous obligera ensuite à rincer les murs. Toute peinture écaillée doit être ôtée à l'aide d'un grattoir, faute de quoi la nouvelle couche de peinture n'adhérera pas. Bouchez soigneusement toutes les fissures (voir ci-contre). Les surfaces présentant des taches d'humidité ou de moisissure devront être traitées avec des produits spéciaux, faute de quoi les taches transparaîtront à travers la nouvelle couche de peinture. Demandez des conseils sur ces produits chez votre droguiste.

Les murs tapissés peuvent être repeints si le papier est en bon état et bien collé. Avec un revêtement vinyle, la couche supérieure brillante se détache, laissant le papier d'apprêt intact. Si le papier est déchiré ou arraché, vous devrez l'enlever complètement. Arrachez-le, soit à la main à l'aide d'eau chaude et d'un décapant à peinture, ou bien à l'aide d'un décapeur thermique que vous pouvez louer et qui fait le travail beaucoup plus vite, car il ramollit les substances adhésives. Une fois de plus, toute surface rugueuse ou inégale doit être polie, et les fissures devront être bouchées à l'aide d'enduit.

Les murs neufs qui n'ont jamais été tapissés devraient d'abord être apprêtés afin d'éviter toute porosité. Ôtez toutes les garnitures, installations ou accessoires en ayant soin de bien marquer leur emplacement lorsque vous posez le papier.

Même les murs peints le plus simplement du monde peuvent prendre un tout autre aspect si l'on utilise des contrastes de couleurs intéressants. Pour les murs grossièrement plâtrés et les boiseries de cette chambre rustique, le bleu pâle et le vert se marient bien, car ils ont des tons proches et contiennent à peu près la même quantité de jaune. On peut aisément obtenir une même intensité de contraste avec du rose et du jaune ou du mauve et du beige — mais il faut faire bien attention à la composition de ces couleurs (voir pages 14-15).

PRÉPARATION DES MURS

Avant de commencer à peindre, vous devez avoir une surface propre, parfaitement dégraissée. Choisissez votre type de peinture suivant l'effet que vous souhaitez créer. La peinture satinée au vinyle donne une surface plus brillante, la peinture à émulsion une surface plus mate.

1 Commencez par laver les murs pour ôter toute tache de graisse à l'aide d'un peu de détergent, puis rincez.

2 Bouchez toutes les fissures à l'aide d'enduit ou de reboucheur et d'un couteau à enduire. Laissez sécher.

3 Ensuite, poncez toutes les aspérités à l'aide de papier de verre ou d'une ponceuse.

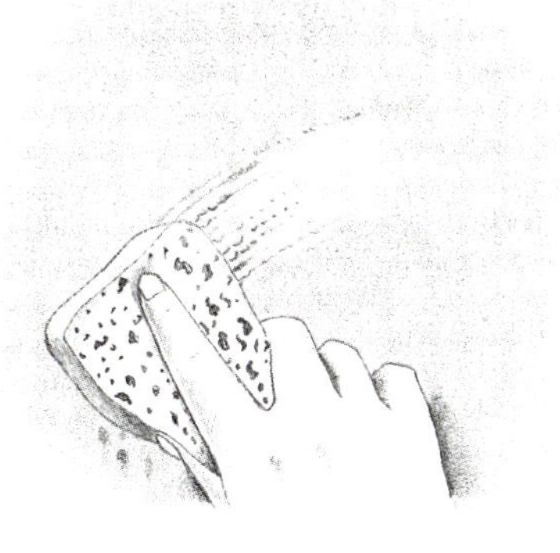

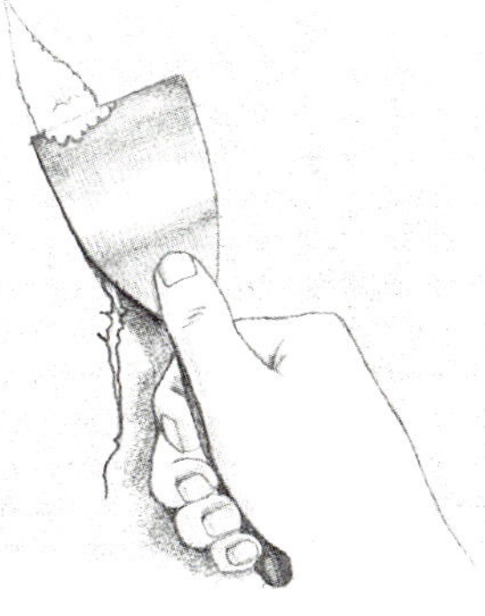

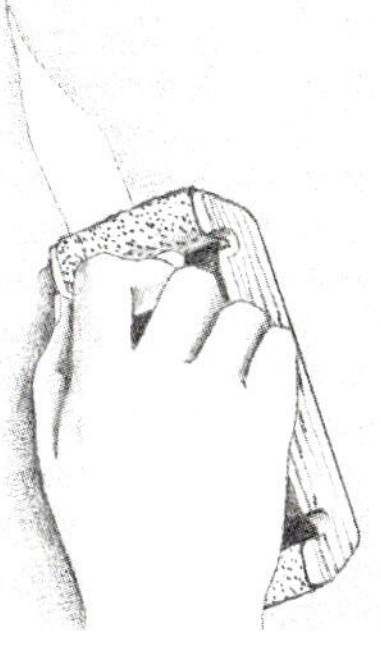

L'APPRÊT DES BOISERIES

Les boiseries peintes qui sont en bon état peuvent simplement être nettoyées de la manière habituelle, mais si elles sont endommagées de quelque manière que ce soit, il faudra les décaper à fond. Vous pouvez ôter la peinture rapidement et sans dégâts à l'aide d'un décapeur thermique, mais il faut prendre garde de ne pas brûler le bois. Si cela se produisait néanmoins, il vous faudrait poncer le bois pour effacer toute trace de brûlure. Sinon, vous pouvez utiliser des décapants chimiques pour ramollir la peinture, et ensuite ôter celle-ci à l'aide d'un grattoir. Ayez soin, en utilisant tout cela, de bien suivre les instructions du fabriquant et de vous munir de gants et de masques ou de lunettes de protection. Le bois qui a été traité chimiquement devrait être essuyé avec du white spirit, du vinaigre ou tout autre produit de nature à neutraliser le produit chimique, après avoir été décapé. Utilisez du mastic à bois pour masquer les nœuds du bois, puis apprêtez la surface à l'aide d'un apprêt approprié.

CI-CONTRE Il est astucieux d'inverser les agencements de couleurs habituels et de peindre les fenêtres, les moulures de lambris et les plinthes avec une couleur foncée en laissant les murs en blanc. Cela permet de structurer la pièce et de mettre en valeur tous les éléments architecturaux intéressants, tels que cette belle double porte.

PRÉPARATION DES BOISERIES

Avant de commencer à peindre les boiseries, vous devez les apprêter convenablement, en ôtant toute peinture écaillée et en ponçant le bois afin que la peinture y adhère bien.

1 Toute surface peinte endommagée doit d'abord être décapée à l'aide de produits appropriés.

2 Après avoir décapé le bois, poncez afin d'obtenir une surface lisse qui constitue un bon support pour l'apprêt.

3 Lessivez toute la surface avec du vinaigre ou avec n'importe quel produit recommandé pour neutraliser les substances chimiques utilisées pour le décapage.

COMMENT ÉVALUER LA QUANTITÉ DE PEINTURE NÉCESSAIRE

Vous devrez d'abord estimer la quantité de peinture dont vous aurez besoin pour les travaux envisagés. Le nombre de couches de peinture nécessaires dépendra du type de peinture utilisé et de sa couleur (si vous voulez recouvrir une surface foncée avec une couleur claire, il vous faudra appliquer plus de couches de peinture afin que la couleur d'origine ne transparaisse pas). Le pot indique généralement le pouvoir couvrant de la peinture — en d'autres termes, quelle surface la peinture contenue dans le pot pourra couvrir si vous l'utilisez non diluée. Calculez la surface totale que vous avez à peindre en multipliant la longueur du plafond par sa largeur, et la longueur de chaque mur par sa hauteur. Additionnez les totaux du plafond et des murs pour obtenir le nombre de mètres carrés total de la pièce. Puis, pour déterminer le nombre de pots dont vous avez besoin, divisez le métrage par la quantité de mètres carrés que le contenu d'un pot peut couvrir.

Avant de vous engager dans la peinture d'une pièce, il faut procéder de façon méthodique. Ôtez tous les objets des murs et des étagères, empilez les meubles au milieu de la pièce et recouvrez-les de housses, puis protégez le plancher avec des bâches de plastique. Peignez d'abord le plafond, puis les murs, en commençant par le mur où se trouve la fenêtre. Commencez par le haut à droite en allant vers le bas à gauche. Cela permet de peindre par petites surfaces, ce qui est utile, du fait que la peinture satinée sèche souvent très vite et qu'il faut la travailler pendant qu'elle est encore humide.

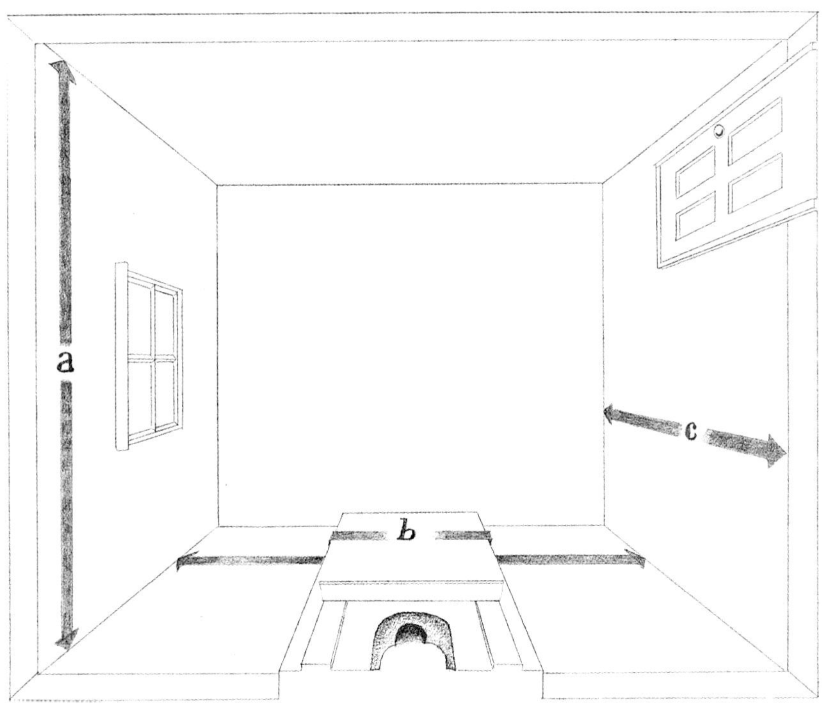

Pour calculer rapidement la quantité de peinture dont vous avez besoin, additionnez a et b, multipliez la somme par c puis par 2 et ajoutez à cela a × b. Enfin, divisez le résultat par le métrage total que le contenu d'un pot peut couvrir.

AVANT DE COMMENCER À PEINDRE

Avant l'opération, retirer tous les tableaux et autres ornements des murs. Protégez la partie du sol où vous êtes en train de travailler avec une bâche.

Dépoussiérez soigneusement toute la pièce et mettez votre matériel en ordre. Assurez-vous que vous avez suffisamment de chiffons et d'eau ou de white spirit pour pouvoir nettoyer immédiatement toute tache éventuelle. Utilisez des bandes de papier kraft autocollant pour recouvrir toutes les petits surfaces que vous ne souhaitez pas peindre et recouvrez les surfaces plus grandes — par exemple, une cheminée — à l'aide de journaux et de ruban adhésif. Utilisez des bandes de papier cache plus larges pour protéger les surfaces peintes d'éventuelles éclaboussures — par exemple, le bord d'un mur lorsque vous êtes en train de peindre le plafond, ou encore les fenêtres. Il est beaucoup plus rapide de procéder ainsi que d'utiliser des pinceaux fins.

Les peintures modernes ont tendance à moins dégouliner et à moins éclabousser que les peintures autrefois utilisées, mais vous devrez tout de même prendre garde de ne pas éclabousser les étagères ou autres installations fixes. La peinture à émulsion (latex) peut être retirée facilement à l'aide d'un chiffon humide aussi longtemps qu'elle n'est pas sèche, tandis que la peinture à l'huile doit être nettoyée avec un chiffon imbibé de white spirit. Une fois sèches, les taches de peinture ne pourront être enlevées que si elles sont grattées ou poncées.

LA PEINTURE DES MURS ET DES PLAFONDS

Si vous utilisez un rouleau, commencez par faire le tour de tous les périmètres avec un pinceau fin, car le rouleau n'ira pas dans les coins. Peignez de la même façon le pourtour des installations fixes.

Appliquez la peinture — à moins que l'on ne vous conseille de procéder autrement — en croisant, après avoir chargé votre pinceau — suffisamment mais pas trop pour éviter qu'il ne dégouline. Ôtez tout excédent de peinture en frottant la touffe sur le bord du pot de peinture.

Choisissez un pinceau de taille adéquate — une grande brosse de détrempe pour les murs et des pinceaux plus petits pour les fenêtres.

PEINTURE À LA BROSSE

1 Chargez votre brosse et essuyez l'excédent de peinture sur le bord du pot ou, comme on le voit sur cette illustration, sur une ficelle fixée transversalement, afin d'éviter de salir les bords du pot.

2 En travaillant de haut en bas, sur une surface verticale, appliquez les coups de pinceaux en croisant afin d'obtenir une peinture aussi égale que possible.

3 Laissez un bord un peu flou là où vous vous interrompez afin que votre prochaine série de coups de pinceaux se fonde à la première sans laisser de marque.

PEINTURE AU ROULEAU

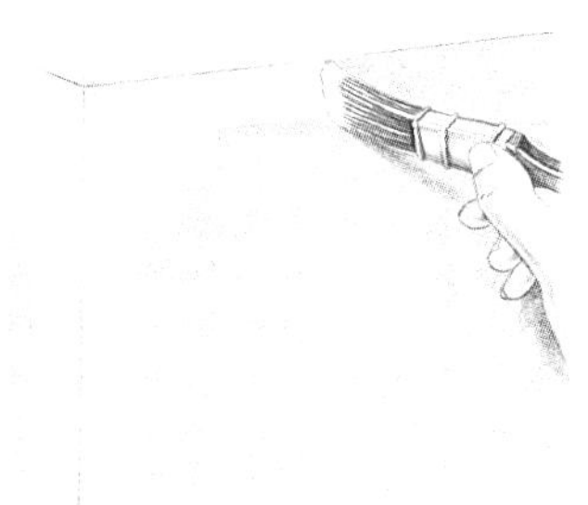

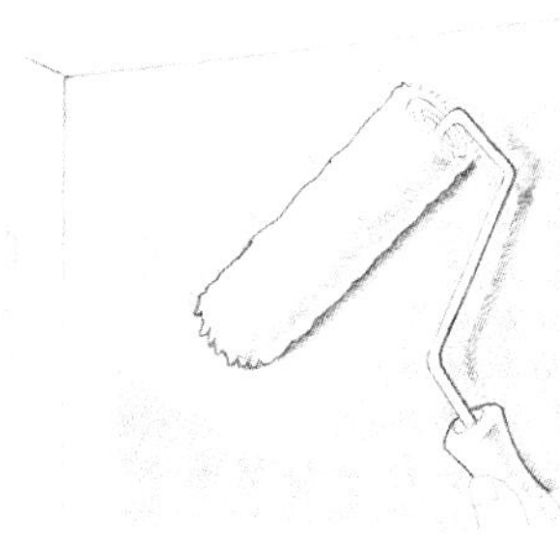

1 Peignez les bords à l'aide d'une brosse étroite, car le rouleau n'ira pas dans les coins.

2 Chargez le rouleau, puis ôtez l'excédent de peinture en le faisant rouler de haut en bas sur le plateau.

3 Passez le rouleau en croisant, comme vous le feriez avec un pinceau, afin d'obtenir une surface égale.

Assurez-vous que la brosse est propre avant de commencer et que la touffe est solidement fixée au manche. Il n'y a rien de plus exaspérant que les pinceaux qui laissent leurs poils sur la peinture fraîche !

Pour les grandes surfaces, la peinture au rouleau est généralement plus rapide que la peinture à la brosse. Il existe des rouleaux de différentes tailles : les rouleaux plus étroits et plus petits sont d'une utilisation plus souple, et vous pouvez également vous en servir pour tracer des rayures. Les rouleaux en peau d'agneau sont plus efficaces que les rouleaux en éponge.

L'ENTRETIEN DE VOTRE MATÉRIEL

Bien que vous n'ayez pas besoin d'une grande quantité de matériel pour la peinture laquée ou à émulsion (latex), une fois que vous commencez vraiment à vous intéresser aux différents effets de peinture, vos besoins en matériel augmentent : des éponges naturelles pour peindre à l'éponge, des pinceaux pour les effets de moucheté, des pinceaux spéciaux à longs poils pour « tirer » la peinture.

Il est important d'acheter du matériel de bonne qualité et de l'entretenir convenablement. La manière dont vous devez nettoyer vos pinceaux et autre matériel dépend de la peinture que vous utilisez.

Lorsque vous nettoyez des brosses qui ont servi à appliquer des peintures ou vernis à l'huile, utilisez de l'essence de térébenthine ou du white spirit que vous ferez bien pénétrer dans les poils. Une fois que la brosse est propre, rincez-la à l'eau et pendez-la pour le séchage. Rangez vos brosses et pinceaux de façon à ce que l'air puisse bien pénétrer dans les poils. Avec les produits à l'eau, contentez-vous de laver vos pinceaux dans une grande quantité d'eau et de les mettre à sécher de la façon habituelle.

Efforcez-vous de bien ranger tout votre matériel et assurez-vous que tous les pochoirs dont vous vous servez sont bien à plat entre des feuilles de carton, car ils se déchirent aisément. Notez soigneusement toutes les couleurs que vous avez utilisées et tous les échantillons de papier, avec le nom du fabriquant et le numéro de lot. Ayez à portée de main une pile de feuilles de carton blanc pour tester vos peintures et conservez les feuilles sur lesquelles vous aurez exécuté ces essais, avec la mention des couleurs utilisées, afin de pouvoir vous y reporter par la suite.

Avec un peu d'imagination, on peut rendre les planchers infiniment plus intéressants. Un motif au pochoir entourant le départ de l'escalier décore agréablement ce plancher de bois (GAUCHE), tandis que l'on a badigeonné un motif géométrique en tons pastel (CI-DESSUS). On peut obtenir ces couleurs à l'aide de teintures pour bois spéciales ou d'émulsion (latex) teintée de peinture acrylique. Lorsque vous badigeonnez des planchers, tracez une fine ligne autour des motifs avec un cutter afin d'empêcher les couleurs de diffuser avant de sécher. Ensuite, vernissez le plancher avec du polyuréthanne mat pour rendre la peinture plus résistante.

The Tale of Two Bad Mice
The Tale of Mrs Tiggy-Winkle
The Tale of Ginger and Pickles
The Tale of Samuel Whiskers

CHAPITRE 3

Le papier peint

Le papier peint, comme élément de décoration intérieure, est relativement récent. Avant l'apparition des « tentures » de papier, comme on les appelait à l'époque élisabéthaine, toute l'ornementation des murs était principalement faite de tapisseries tissées, de panneaux de bois sculptés ou de stucs, puis ensuite de tapisseries de tissu.

Peu à peu, cependant, le papier peint remplaça les textiles, et l'on se mit à produire des papiers floqués imitant les riches tissus tels que le velours génois. Au début du XVIIIe siècle, ils étaient tellement à la mode que les dames de la haute société française remplacèrent leurs tapisseries des Gobelins par des papiers veloutés anglais.

Les papiers chinois peints à la main devinrent à la mode chez les personnes aisées plus tard dans le siècle, suivis par les toiles de Jouy françaises (à l'origine, peintes à la main, puis, par la suite, imprimées), qui formaient un panorama continu autour de la pièce.

D'autres types de papiers muraux étaient également en vogue à cette époque, sauf dans les demeures plus riches, où ils n'étaient utilisés que dans les appartements des domestiques. Les papiers étaient fabriqués en petites feuilles collées bout à bout de façon à en faire des rouleaux (dont les dimensions ont servi de base à celles des rouleaux d'aujourd'hui), puis imprimés. Le papier était souvent attaché à des toiles retenues par des baguettes, de la même façon que les tentures en

Si vous voulez introduire des motifs et des éléments de décoration dans votre intérieur, le papier peint fait beaucoup d'effet. Les motifs peuvent être mélangés et harmonisés, soit en utilisant les gammes coordonnées vendues dans le commerce, soit en composant vos propres assortiments. La palette de couleurs peut aller des monochromes froids et sophistiqués ou des pastels aux mélanges audacieux et heurtés de contrastes forts.

textile, de sorte qu'ils étaient amovibles. Les motifs les plus courants étaient des fleurs, des oiseaux et même des figures humaines dans des paysages dont le style s'inspirait de celui des grands maîtres.

Dans la seconde moitié du XVIIIe siècle, les pièces décorées de papier imprimé étaient très en vogue. On collait sur les murs des cabinets de toilette et des bureaux des gravures monochromes encadrées de bordures gravées reliées entre elles par des guirlandes et des nœuds de papier et autres ornements néoclassiques. Les feuilles de papier imprimé étaient disposées au gré de chacun et étaient souvent utilisées pour décorer toute une pièce.

Au milieu du XIXe siècle, le goût du papier peint se développa, la révolution industrielle rendant possible la production massive de papier à base de teintures synthétiques. Bientôt, dans presque toutes les maisons, les murs se couvrirent de papiers peints. Ceux-ci avaient souvent une texture et, à la fin du siècle, les revêtements à hauts-reliefs gaufrés cherchant à imiter les tentures de cuir devinrent très à la mode pour décorer les murs en dessous de la moulure de lambris avec un papier imprimé au-dessus, et parfois même encore une frise par-dessus le tout, une mode qui est redevenue très en vogue ces dernières années. Des illustrateurs, des architectes et des designers connus, tels que Owen Jones, William Morris, CFA Voysey, Walter Crane, Beatrix Potter et Kate Greenaway, ont créé de charmants motifs de papiers peints. Un certain nombre étaient destinés aux chambres d'enfant. Le papier peint pour chambres d'enfant est apparu pour la première fois à l'époque victorienne pour devenir l'un des traits caractéristiques de la chambre d'enfant victorienne et, plus tard, édouardienne.

Aux cours des deux derniers siècles, la qualité des papiers peints a varié, allant des ravissants mais coûteux papiers imprimés à la main, aux papiers meilleur marché imprimés mécaniquement. À chaque époque, les modes de la période se sont reflétées à la fois dans la couleur et le style des motifs de papiers peints, depuis les motifs géométriques des années 1930, inspirés du Bauhaus, l'école d'enseignement artistique de Weimar, aux couleurs vives et aux interprétations réalistes des années 1950. Plus récemment, les grandes maisons ont créé des gammes coordonnées de papiers, de peintures et de tissus d'ameublement, permettant aux clients de choisir parmi des combinaisons soigneusement sélectionnées.

CI-CONTRE Le motif du papier peint Owen Jones et l'utilisation des surfaces peintes sombres qui répondent au bordeaux et au bleu marine de la bordure crée une ambiance très victorienne. Laura Ashley a baptisé ce papier peint « Mister Jones » en hommage au créateur du motif.

Aujourd'hui, il existe une merveilleuse gamme de papiers peints dans tous les styles imaginables, depuis les froides et élégantes rayures et les motifs rustiques à ramages traditionnels aux audacieux papiers peints qui constituent le centre d'intérêt du décor. La plupart des grands fabricants produisent des gammes de peintures, de frises et de bordures, voire de tissus coordonnés. Les papiers peints vraiment luxueux, peints à la main ou simplement très beaux, trop coûteux pour être utilisés à grande échelle, peuvent être incorporés comme éléments de décoration, soit en découpage, soit pour faire des panneaux ou recouvrir des boîtes.

Décider de l'utilisation du papier peint dans un décor est essentiellement une question de goût, bien que cela ait une implication pratique évidente, puisque cela peut permettre de cacher des plâtres imparfaits. Si vous aimez les éléments décoratifs, le papier peint est souvent la meilleure solution, mais vous n'êtes pas obligé d'en mettre partout, et il s'avère parfois astucieux de l'associer à la peinture.

Les papiers gaufrés aux douces harmonies saphir pâle et ivoire coupent le mur en deux avec, au milieu, une moulure de lambris badigeonnée avec un mélange des deux couleurs. On obtient ainsi une impression d'unité, et le passage d'une couleur à l'autre s'effectue sans heurt.

LE PAPIER GAUFRÉ

Bien que les premiers papiers peints aient cherché à imiter les textiles coûteux, à partir du XVIIIe siècle on se mit également à fabriquer des papiers imitant le marbre, le granit, le bois, le cuir et le stuc. Au XIXe siècle, les papiers gaufrés ornés de motifs en relief étaient très en vogue, en particulier les papiers Lincrusta et Anglypta. Lincrusta — repris par Crown, qui a réintroduit une large gamme de papiers et de frises Lincrusta — ressemblait à du linoléum et était doublé avec un mélange d'huile de lin, de paraffine, de blanc d'Espagne et de résine. Tout cela était fondu au papier de renfort, et le motif en relief était « incrusté » dedans à l'aide d'un puissant rouleau. Les papiers gaufrés Laura Ashley sont encore fabriqués de cette façon.

Le papier gaufré existe en toutes sortes de modèles, dont beaucoup imitent les élégants stucs du XVIIIe siècle. Une fois collé, il peut être peint avec de la peinture laquée ou avec de la peinture à émulsion (latex) ; le motif en relief est plus prononcé avec une couche de peinture laquée.

Très résistant et indémodable, le papier gaufré permet d'obtenir une surface idéale au-dessous de la moulure de lambris dans un couloir, et vous pouvez l'acheter en panneaux prêts à l'emploi. Il s'avère également très utile pour masquer des plâtres en mauvais état, mais il faut prendre garde, lorsqu'on l'arrache, de ne pas arracher en même temps une partie du support.

LES LAMBRIS

Pour éviter que les plâtres ne soient endommagés par les meubles, on avait coutume de doubler la partie inférieure du mur avec des lambris. Ceux-ci pouvaient être faits de panneaux de bois tendre que l'on peignait avec de la peinture laquée ou de bois durs comme le chêne, qui n'avaient généralement pas besoin de peinture. Les lambris, outre qu'ils protégeaient le mur, renforçaient l'isolation thermique.

Dans les cottages, les lambris allaient parfois jusqu'aux deux tiers du mur, et cette division de l'espace mural donne un style rustique séduisant aux pièces qui s'y prêtent, telles que les cuisines-salles à manger.

Autrement, les lambris étaient normalement séparés du mur par une moulure, habituellement placée à environ un mètre du sol.

Vous pouvez envisager ce genre de division de la surface lorsqu'elle convient à la pièce, par exemple dans le cas de couloirs encombrés de poussettes et de bicyclettes qui ont tendance à abîmer la partie inférieure du mur. Sinon, à la place des lambris de bois, vous pouvez coller un épais papier gaufré ou simplement peindre la partie inférieure du mur à l'aide d'une peinture à l'huile lavable. Lorsqu'on a des enfants, il est prudent d'envisager la mise en place d'un lambris, afin de protéger le bas des murs des empreintes de doigts.

LE DÉCOUPAGE

Très recherché à l'époque victorienne, le découpage consiste à découper des images de papier et à les coller à une surface plane avant de les vernir pour obtenir une finition impeccable. Ces images peuvent provenir de catalogues, de papier d'emballage, de magazines de mode, de sachets de graines, et bien sûr de papiers peints.

Le succès de cette technique, cependant, dépend de la manière dont les découpages s'intègrent à la surface qu'ils ornent, généralement grâce à l'application de nombreuses couches de vernis (voir pages 75-76).

Cette technique est idéale pour créer des motifs qui semblent peints à la main, ceux-ci devant correspondre parfaitement à la période et au style du meuble sur lequel ils sont collés. Ainsi, un coffre à jouets d'enfant pourra être décoré d'images représentant des gens du cirque, tandis qu'une délicate table de toilette de style Louis XV s'ornera de chérubins style rococo et qu'une malle de campagne d'époque sera décorée de figures militaires.

Pour les meubles anciens, il faut choisir des découpages d'un style un peu vieillot, afin de donner à toute la pièce un air délicieusement désuet.

CI-CONTRE couleurs et motifs se combinent pour produire un effet visuel des plus réussis dans ce couloir, où interviennent non seulement des effets de trompe-l'œil — pour les fausses boiseries et les faux piliers des murs ainsi que les losanges tridimensionnels que l'on voit sur les surfaces de lambris —, mais aussi des découpages pour les panneaux de portes. La division de la surface, pour les portes comme pour les murs, permet de donner plus de caractère à un corridor autrement dépourvu d'originalité.

Un porte-lettres fabriqué avec des bordures de papier en trompe-l'œil.

COMMENT COLLER LE PAPIER — LES BASES

La pose du papier est moins difficile qu'on le prétend, à condition de travailler avec méthode et de choisir un papier relativement facile à appliquer. Choisissez un papier de poids moyen ou un papier revêtu de vinyle pour les pièces embuées telles qu'une cuisine ou une salle de bains. Le papier existe sous diverses formes : simple, pré-encollé ou autocollant.

Le papier pré-encollé doit être mis à tremper dans l'eau avant d'être posé sur le mur. Le papier ordinaire devra être préalablement encollé par vos soins (voir page 46). En ce qui concerne le papier autocollant, il vous suffit d'ôter la pellicule protectrice qui recouvre la surface adhésive avant de le poser.

Les instructions pour le découpage, l'encollage et la pose du papier données ici sont valables pour la plupart des papiers peints, mais il est essentiel de lire les recommandations du fabricant et de les suivre à la lettre, car elles varient.

COMMENT CHOISIR VOTRE PAPIER PEINT

L'une des opérations les plus difficiles de la tapisserie d'une pièce est le raccordement des motifs, aussi est-il préférable de choisir un papier qui ne posera pas trop de problèmes à cet égard. Comme peu de pièces sont carrées et peu de plafonds droits, ces défauts apparaîtront bien plus avec un papier à motifs géométriques. Le papier est imprimé par lots, c'est pourquoi il vous faut vérifier que les rouleaux que vous achetez portent le même numéro de lot. Si ce n'est pas le cas, vous remarquerez des différences de densité de couleur — un défaut qui vous sautera aux yeux une fois que le papier sera posé ! Si pour une raison ou une autre vous achetez des rouleaux qui ne portent pas le même numéro de lot, arrangez-vous pour que les rouleaux présentant des différences soient utilisés loin des fenêtres. Ayez soin d'acheter une quantité de rouleaux suffisante, afin que, si vous ne vous en servez pas immédiatement, vous ne vous retrouviez pas à court alors que le lot auquel appartenaient les rouleaux déjà en votre possession n'est plus disponible. Il vaut mieux en avoir un peu trop, pour le cas où vous devriez remplacer un lé ou deux.

Pour déterminer le nombre de rouleaux nécessaires, commencez par mesurer la longueur de la pièce de la plinthe à la voussure ou, s'il n'y en a pas, jusqu'au plafond. Ajoutez une marge de sécurité de 10 cm pour araser (ne lésinez pas là-dessus), plus la répétition du motif du papier s'il y a lieu ; le total obtenu correspond à la longueur d'un lé de papier peint. Divisez ce chiffre par la longueur d'un rouleau afin de savoir combien de lés vous pouvez tirer de chaque rouleau.

Maintenant, mesurez le périmètre de la pièce (y compris les portes et les fenêtres). Divisez ce chiffre par la largeur d'un rouleau afin de déterminer combien de lés vous seront nécessaires pour toute la pièce.

Enfin, divisez le nombre total de lés nécessaires par le nombre de lés que vous pouvez tirer d'un rouleau — et vous obtenez le nombre de rouleaux dont vous aurez besoin. Si la pièce présente de nombreux obstacles comme des placards encastrés, comptez plus large. Le tableau ci-dessous donne une idée des quantités.

Ce tableau vous aidera à calculer combien de rouleaux de papiers vous seront nécessaires. Il est basé sur la longueur standard (10 mètres) d'un rouleau de papier peint Laura Ashley.

Dimensions d'une pièce (y compris les portes et les fenêtres)

Hauteur du mur à partir de la plinthe.	10 m	11 m	12 m	13 m	14 m	15 m	16 m	17 m	18 m	19 m	20 m	21 m	22 m
2,0 m-2,2 m	5	5	5	6	6	7	7	7	8	8	9	9	10
2,2 m-2,4 m	5	5	6	6	7	7	8	8	9	9	10	10	10
2,4 m-2,6 m	5	6	6	7	7	8	8	9	9	10	10	11	11
2,6 m-2,8 m	6	6	7	7	8	8	9	9	10	11	11	12	12
2,8 m-3,0 m	6	7	7	8	8	9	9	10	11	11	12	12	13
3,0 m-3,2 m	6	7	8	8	9	10	10	11	11	12	13	13	14
3,2 m-3,4 m	7	7	8	9	9	10	11	11	12	13	13	14	15

COMMENT COUPER LE PAPIER

Les lés de papier doivent être coupés avec une marge d'environ 5 cm en haut et en bas pour permettre de les araser au bon endroit. S'il ne s'agit pas de papier à raccords, vous pouvez simplement couper les lés à l'avance. Dans le cas contraire, coupez le premier lé, puis juxtaposez-le au deuxième avant de le couper, en ayant soin de bien faire coïncider les raccords. Pour tous les papiers à motifs, faites une marque en haut du lé, sur l'envers, afin d'éviter de le poser la tête en bas par erreur.

L'ENCOLLAGE DU PAPIER

Certains papiers ont seulement besoin de trempage, tandis qu'avec le papier autocollant, il vous suffit d'ôter la pellicule protectrice. En ce qui concerne le papier à encoller, il vous faut une bonne surface de travail, par exemple un établi ou une table à tréteaux. Mélangez la colle en vous conformant aux instructions du fabricant. Étendez le lé sur la table, face à l'envers, en ayant soin d'aligner les rebords du papier avec ceux de la table. Utiliser une brosse ou un rouleau à la colle. Celle-ci doit être appliquée de façon égale, faute de quoi il se formera des cloques lorsque le papier sera collé. Encollez bien les bords du papier. Pour éviter de salir le côté face du papier, posez le bord que vous êtes en train d'encoller un peu en retrait du bord de la table. Si vous mettez accidentellement de la colle sur le côté face du papier, essuyez-la avec soin à l'aide d'un chiffon humide avant qu'elle n'ait séché. Essuyez la table afin de ne pas recommencer.

Vérifiez sur l'étiquette s'il faut laisser pénétrer la colle avant de poser le papier. Si tel est le cas, pliez celui-ci en accordéon jusqu'à ce qu'il soit prêt à être appliqué.

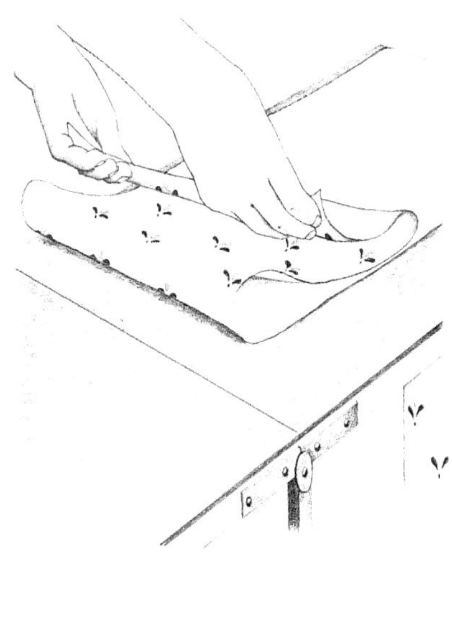

LA POSE DU PAPIER

D'abord, assurez-vous que le motif n'a pas la tête en bas et qu'il n'est pas de travers. Ne vous laissez pas guider par les fenêtres et les portes : elles ne sont pas toujours d'aplomb. Pour être sûr d'avoir une bonne verticale, utilisez un fil à plomb. Épinglez le fil en haut du mur et, lorsqu'il cesse d'osciller, marquez sa position à l'aide d'un crayon. Sinon, frottez de la craie contre le fil et pressez celui-ci contre le mur, puis tracez un trait au crayon le long des marques ; vous pouvez également utiliser un niveau.

Si vous utilisez un papier à motif très prononcé et si la pièce a un axe, par exemple un manteau de cheminée, commencez la pose du papier à partir de cet axe. Le milieu du papier doit être centré sur le manteau de cheminée. Avec d'autres sortes de papiers, commencez par le mur où se trouve la fenêtre principale.

TECHNIQUES DE POSE

1 Une fois que le papier est coupé, encollé et prêt à poser, pliez-le en accordéon, sans le plisser, et portez-le vers le mur. Alignez le bord supérieur au ras du plafond en laissant libres 5 cm de sécurité. Alignez le bord latéral sur le repère tracé à l'aide du fil à plomb pour vous assurer qu'il est bien droit, puis dépliez doucement le papier.

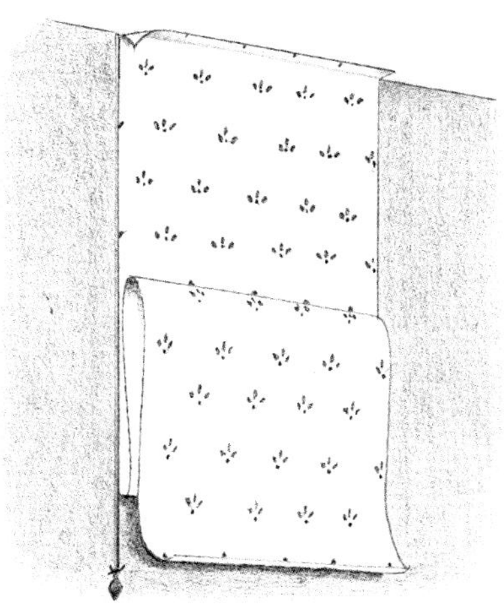

2 Passez sur le papier une large brosse douce, en partant du centre pour aller vers les bords, afin de chasser les bulles d'air. Si une ride se forme ou si vous vous apercevez que le bord latéral n'est plus aligné sur le repère vertical, décollez-le doucement du mur jusqu'à l'endroit qui pose problème mais pas jusqu'en haut. Ajustez le papier et recollez-le de la même façon.

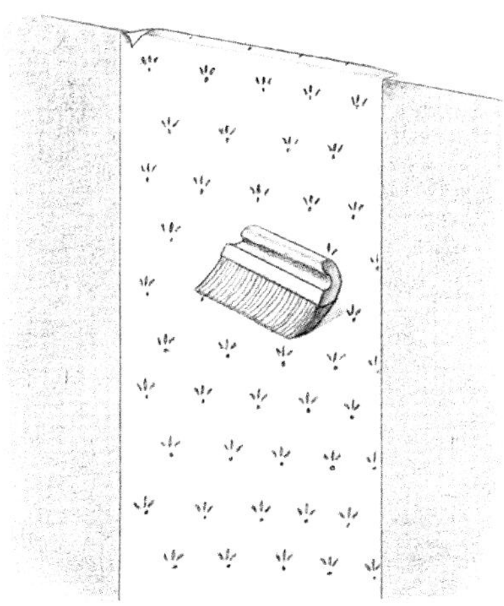

3 Poussez le papier à l'angle du plafond (ou de la voussure) et du mur, marquez la ligne avec le dos de vos ciseaux, puis décollez le papier afin de pouvoir couper proprement le long de cette ligne. Recollez le papier avec soin et répétez l'opération au niveau de la plinthe.

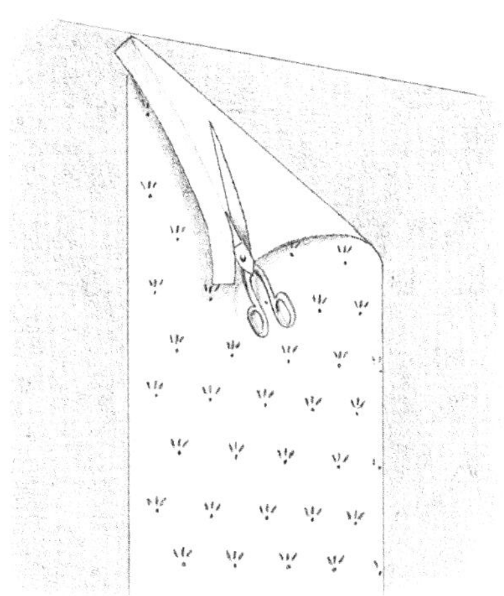

4 Prenez le deuxième lé de papier et alignez-le sur le précédent en ayant soin de raccorder les bords avec précision. Collez-le de la même façon que le premier.

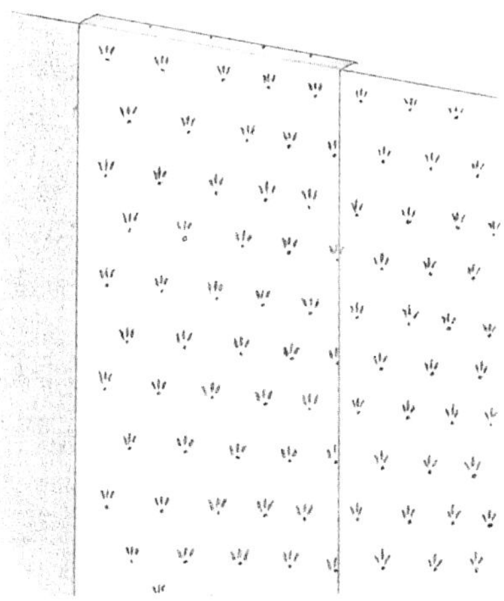

5 Maintenant, utilisez une roulette de colleur pour écraser les joints.

6 La plupart des bulles d'air devraient disparaître à mesure que le papier sèche, aussi assurez-vous que la pièce est bien ventilée pour accélérer le processus. Si certains bords se décollent, réencollez-les et remettez-les en bonne position. Essuyez tout excédent de colle à l'aide d'un chiffon humide.

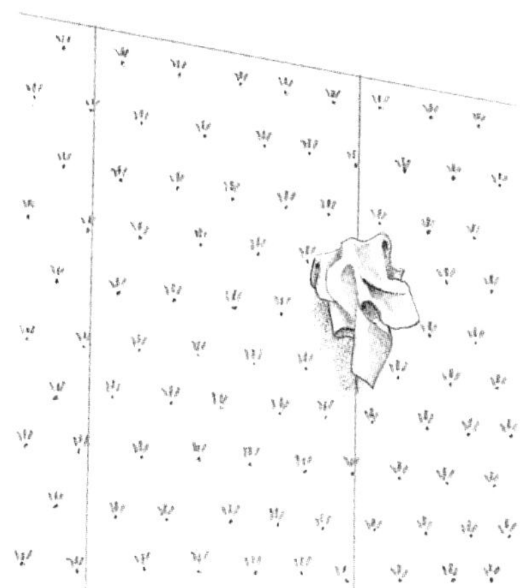

FRISES ET BORDURES

Les frises et les bordures, redevenues à la mode, constituent une solution idéale pour ceux qui veulent décorer un peu, mais sans lourdeur. Les bordures peuvent être utilisées de toutes sortes de manières, mais leur principale fonction est de casser l'espace de façon spécifique afin de mettre en valeur certains éléments architecturaux ou de les créer dans les pièces qui en sont dépourvues. On peut disposer des bordures autour des avant-toits d'un grenier, autour des portes et des fenêtres, au-dessus des plinthes, au niveau d'une moulure de lambris ou encore d'une corniche. Vous pouvez également coller la bordure verticalement le long des murs afin de les encadrer, comme sur la photographie page 50 (gauche). Le secret consiste à analyser les proportions des pièces et à évaluer ce qui doit être fait pour les modifier visuellement. S'il y a un trait architectural que vous souhaitez faire ressortir, par exemple une belle corniche, choisissez une jolie bordure et collez-la juste en dessous.

La position de la frise ou de la bordure dépend de l'effet que vous cherchez à créer. Vous pouvez l'utiliser soit à l'angle du plafond et des murs pour les relier visuellement, soit plus bas, à la place de la cimaise, afin d'abaisser le plafond dans une pièce très haute. De même, la frise peut être utilisée à la place d'une moulure de lambris ou pour encadrer des portes ou des fenêtres.

Les frises de papier et les bordures peuvent servir à donner un air de finition à une pièce tapissée de papier peint, mais rien ne vous empêche d'ajouter une frise de papier ou une bordure à une pièce peinte. Les bordures constituent un lien idéal entre les surfaces peintes et tapissées, en cachant la jonction entre elles. Elles peuvent également permettre de relier visuellement des harmonies de couleurs plus ou moins contrastées. Il existe une vaste gamme de bordures et de frises coordonnées avec des papiers peints et des étoffes spécifiques, mais vous pouvez également inventer vos propres combinaisons.

COMMENT POSER UNE BORDURE OU FRISE

1 À l'aide d'un niveau, tracez une ligne au crayon sur le mur afin de positionner la frise ou la bordure.

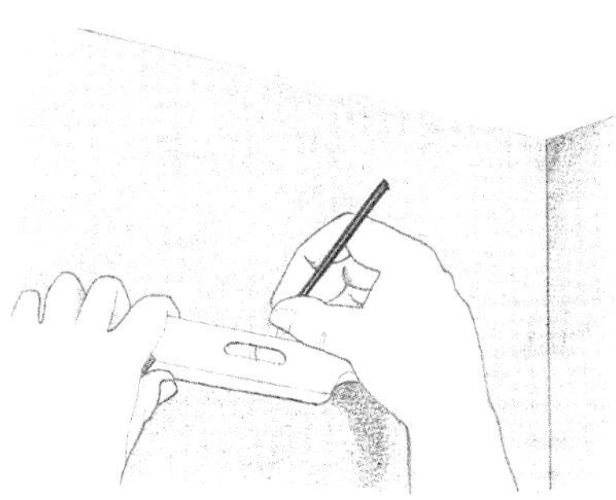

2 Encollez l'envers de la frise avec de la colle pour papier peint ; si vous utilisez des bordures autocollantes, retirez simplement la pellicule protectrice.

3 Alignez la frise sur la ligne que vous avez tracée au crayon en vous assurant qu'elle est bien positionnée.

4 S'il vous faut raccorder deux morceaux de frise, aboutez leurs extrémités avec soin et écrasez les joints à l'aide d'un rouleau de colleur.

5 Pour raccorder des morceaux de frise dans un coin, faites-les se chevaucher, puis coupez-les à un angle de 45 degrés avec un cutter.

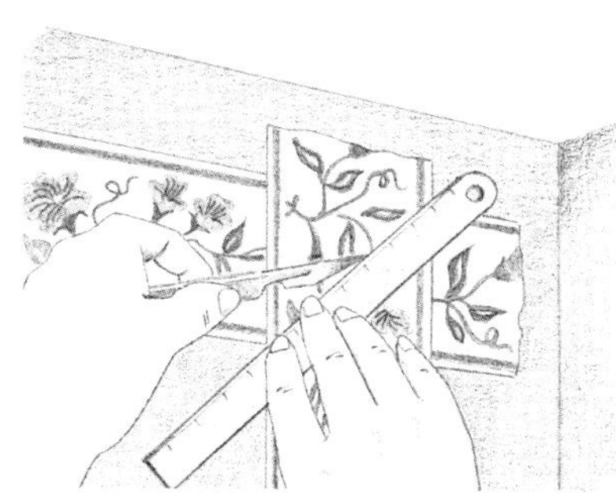

Les bordures peuvent être utilisées de toutes sortes de façons pour mettre en valeur certains éléments architecturaux et pour donner plus de caractère à une pièce. Dans ce décor (CI-DESSUS À GAUCHE), on a relié des pièces entre elles en disposant la même bordure, mais dans des couleurs différentes, autour des encadrements de portes. Ajouter un nœud ou un ruban à l'angle des bordures attire l'attention. Une bordure et du papier peint appartenant à la même gamme coordonnée ont été utilisés dans cette cuisine (EN HAUT À DROITE), la bordure permettant de relier les formes bizarres dues aux modifications apportées à la maison pour aménager un vestiaire à côté de la cuisine. Une large frise au pochoir au-dessus du niveau de la cimaise (CI-DESSUS À DROITE) permettra d'abaisser visuellement la hauteur du plafond. Ici, non seulement les couleurs font écho à celles du papier peint, mais elles s'harmonisent avec les objets exposés sur les étagères. Là où les éléments architecturaux forment différents plans et angles (CI-CONTRE), on peut recourir à des bordures pour parfaire les finitions, comme dans cette chambre aménagée dans un grenier où elles ont été disposées verticalement pour souligner les angles des murs aussi bien qu'horizontalement pour souligner les angles des murs et du plafond.

CHAPITRE 4

Les salles de séjour

La salle de séjour est une pièce dans laquelle vous allez passer une grande partie de votre temps, aussi devrez-vous vous y sentir bien. Tout dépend de la fonction que va vraiment remplir cette pièce : s'agira-t-il d'un lieu familial où tout le monde se réunira pour manger et se détendre ou d'un salon au sens traditionnel du terme ?

L'orientation de la pièce vous aidera à décider de l'harmonie de couleurs. Si elle est tournée vers le nord, avec un froid éclairage bleuté, une harmonie de couleurs chaudes telles que le rose, l'abricot, les ors, les beiges et même les rouges permettra de la « réchauffer ». Une pièce tournée vers l'ouest ou le sud, baignée d'une douce lumière dorée, pourra supporter une harmonie plus froide.

Les bleus pâles et les gris du style suédois gustavien sont réchauffés par l'emploi de bois blanc et de garnitures de coton pour les meubles, créant un ensemble agréable à vivre et qui offre un attrait durable du fait qu'il ne comporte aucun élément voyant susceptible de fatiguer l'œil. Si vous souhaitez garder votre décoration longtemps, les couleurs pâles, délavées, sont particulièrement recommandées ; des harmonies plus stridentes avec des motifs audacieux et des couleurs fortes se démoderont plus vite.

Cette délicate salle de séjour de style gustavien a été badigeonnée avec deux nuances de bleu et de vert avec un gracieux motif de lierre peint au tampon autour des fenêtres. On a passé une fine couche de peinture à émulsion (latex) bleu pâle par-dessus ce motif pour en atténuer la couleur. Les lignes pures du mobilier de bois et les tissus à rayures et à carreaux de style rustique parachèvent l'ensemble.

Le badigeonnage — technique qui consiste à appliquer une ou deux couches de couleur translucides par-dessus une couche de fond qui donne le ton — permet d'obtenir une couleur riche mais non pas sombre. Le recours à deux fines couches de couleur donne de l'éclat à la surface et assure un résultat plus agréable à l'œil qu'une simple couleur compacte.

La pièce présentée ici a des boiseries d'origine, mais si vous voulez créer l'effet vous-même, il suffit d'ombrer la peinture pour imiter l'effet tridimensionnel des boiseries.

Il pourrait être intéressant de peindre quelques-uns des meubles de la salle de séjour ; entraînez-vous sur une petite table ou un coffre. Vous pouvez également recourir à la peinture au pochoir ou au tampon pour décorer vos meubles et même vos murs.

Si vous réalisez un motif au tampon ou au pochoir sur un mur badigeonné ou peint à l'éponge, faites en sorte qu'il soit le plus estompé possible. Les motifs les plus réussis ont un aspect naturellement vieilli. Vous pouvez créer cet effet soit en utilisant des couleurs délavées, soit en badigeonnant un peu de la couleur de fond par-dessus le motif au pochoir — technique utilisée pour alléger le motif de lierre peint au tampon dans la salle de séjour des pages 52-53.

Les tissus d'ameublement — rideaux ou stores, canapés, garnitures de sièges — sont déterminants pour le style d'une pièce et doivent être considérés comme partie intégrante de la décoration. Ne pensez pas seulement en termes de couleurs, mais aussi de textures. Les tissus durs et brillants n'iront pas avec des intérieurs de style rustique — les lins et les cotons conviendront beaucoup mieux. De même, les soies, les velours, les brocards et les chintz glacés se marieront mieux avec un style classique plus cérémonieux.

LE BADIGEONNAGE

L'un des effets de peinture les plus subtils, le badigeonnage est une technique idéale pour les murs aux plâtres imparfaits, en particulier si vous utilisez un badigeon très proche de la couleur de base. Les infimes différences de ton évoquent les ombres que créeraient les inégalités d'une surface plâtrée, ce qui permet de masquer les réelles imperfections.

L'aspect doux et pommelé de l'effet ainsi créé convient parfaitement aux intérieurs rustiques, aux meubles de bois sans prétention. On en faisait grand usage dans le style gustavien sous forme de bleu vert pâle, avec des planchers de bois clair et des meubles simples et classiques. En fait, on a longtemps utilisé cette finition dans les cottages, où l'on peignait à la détrempe — une peinture artisanale à base de blanc d'Espagne, de colle de peau et d'eau, au fini très mat, légèrement farineux.

Un glacis à émulsion (latex), consistant en une peinture à émulsion (latex) diluée avec de l'eau, ou bien un glacis à base d'acrylique, auront un aspect plus mat et un pouvoir réfléchissant infiniment moindre qu'un glacis à base d'huile, plus translucide et d'une couleur plus riche. L'un et l'autre fini auront de toute façon une plus grande profondeur et une plus grande richesse de couleur qu'un mur peint avec une couleur unique, et ils tendront à changer d'aspect suivant la source et la direction de l'éclairage.

La moitié de la difficulté de l'opération réside dans le choix de couleurs appropriées. Il faut des couleurs aux tons voisins, tels que les ors doux ou les jaunes crèmes, car cela, à son tour, produira de subtiles graduations de couleurs. Le bleu clair ou le vert clair superposés sont d'un effet des plus heureux, de même que le gris clair et le bleu clair, l'abricot ou le jaune et le blanc chaud, ou encore le blanc et le gris clair. Vous pouvez badigeonner une ou deux couleurs, voire plus, par-dessus la couche de base.

Ceux qui expérimentent cette technique pour la première fois s'apercevront qu'il est plus facile de badigeonner une couleur pastel par-dessus une simple couche de blanc. Cela permet également de raviver une peinture blanche vieillie sans avoir à redécorer toute la pièce.

La peinture employée pour les badigeons est beaucoup plus diluée que celle utilisée pour d'autres effets de peinture. Il est généralement conseillé de compter huit mesures d'eau pour une mesure de peinture.

Ne perdez pas de vue que la première couche de badigeon présente un aspect piteux et inégal. Avec la seconde couche, vous ferez disparaître les inégalités et donnerez à votre badigeon une plus grande profondeur de couleur.

LES TECHNIQUES DU BADIGEONNAGE

MÉTHODE 1

Dans cette méthode on fait appel à une brosse pour le badigeonnage, et le glacis est simplement « balayé » au lieu d'être « dépouillé » à l'éponge (voir Méthode 2 ci-dessous).

1 Appliquez la couche de base (peinture à émulsion ou fini coquille d'œuf suivant que vous utilisez une seconde couche à base d'eau ou d'huile) en croisant.

2 Une fois que la couche de base est tout à fait sèche, passez légèrement un glacis très humide — huit mesures d'eau pour une mesure de peinture à émulsion, ou huit mesures de white spirit pour une mesure de peinture à l'huile — d'un geste large. Laissez sécher.

3 Passez une seconde couche de glacis d'une couleur voisine, en recouvrant les surfaces où la couleur est appliquée de façon inégale.

4 Glacez à l'aide d'un vernis polyuréthanne si vous voulez que le badigeon soit imperméable.

CI-CONTRE Le badigeon peut être soutenu ou léger suivant le contraste entre les couleurs. Plus le contraste est marqué, moins l'effet est subtil. Ici, on a fait appel à des harmonies de bleu et de gris qui donnent une délicate impression de texture et un subtil effet de jeu de lumière. Si vous voulez renforcer l'effet, osez un contraste plus prononcé, mais méfiez-vous des contrastes trop forts.

MÉTHODE 2

Dans cette méthode on utilise une éponge pour « dépouiller » le glacis et une brosse pour en adoucir l'effet. Faites-vous aider par deux personnes, l'une pour dépouiller le glacis à l'aide d'une éponge naturelle, l'autre pour balayer toute la surface à l'aide d'une brosse.

1 Appliquez la couche de base de la même façon que dans la Méthode 1.

2 Appliquez le glacis. Puis trempez un morceau d'éponge naturelle dans de l'eau ou du white spirit et essorez-le. Travaillez le glacis pendant qu'il est humide, le dépouillant en tapotant légèrement le mur, en faisant rouler l'éponge ou en la tirant pour obtenir un fini inégalement marbré. Rincez l'éponge dès qu'elle est trop imprégnée de peinture.

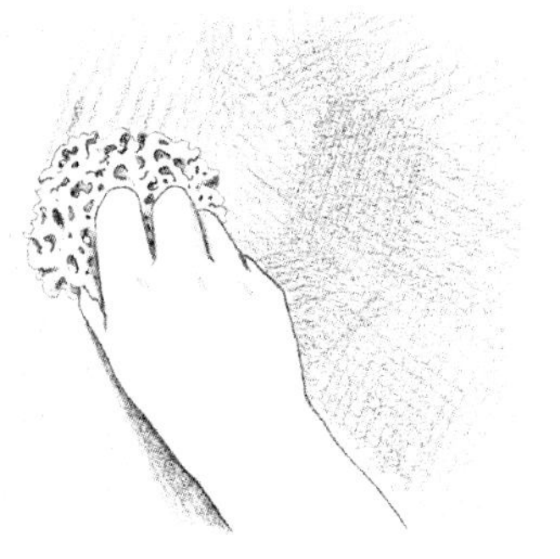

3 À l'aide d'une brosse à poils doux sèche, effleurer la surface que vous venez de travailler avant qu'elle n'ait séché afin d'estomper l'effet. Travaillez à grands coups de brosse rapides, d'un geste large.

GRISAILLE

Cette forme de trompe-l'œil très simple permet de créer de faux éléments architecturaux tels que des boiseries et des encadrements de portes. Si vous avez un tempérament d'artiste, vous pouvez aussi créer des images telles que des urnes de stuc ou des caryatides (statues de femmes drapées soutenant une corniche).

En fait, vous peignez de fausses ombres et de faux reflets pour obtenir un effet tridimensionnel qui donne l'illusion du relief.

Bien que la grisaille soit traditionnellement réalisée en monochrome gris, vous pouvez expérimenter avec d'autres couleurs, en ajoutant à la couleur de fond un mélange de bleu, de marron et de noir.

TECHNIQUES DE GRISAILLE

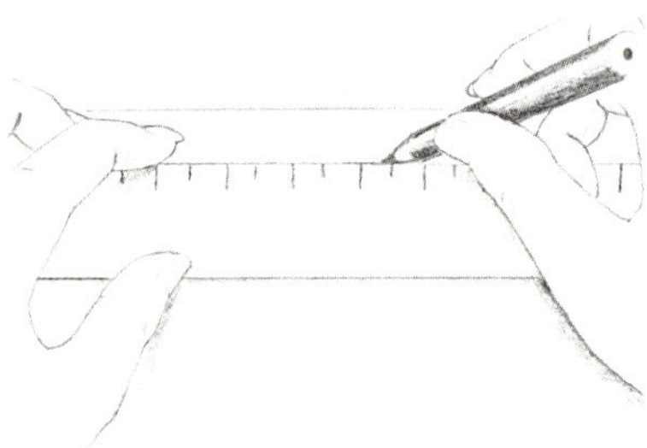

1 Prenez un morceau de moulure comme référence. Mesurez la largeur des parties saillantes et des parties en creux et redessinez-les au crayon sur le matériau que vous êtes en train de travailler, après avoir mesuré la surface totale.

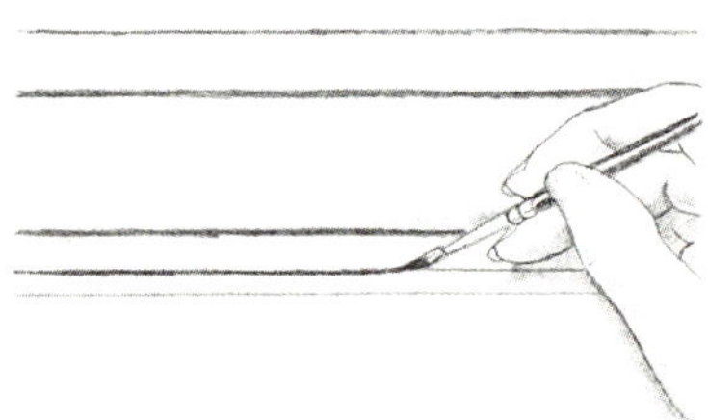

2 À l'aide d'un fin pinceau d'artiste, peignez d'abord les parties sombres en noir ou en gris très foncé.

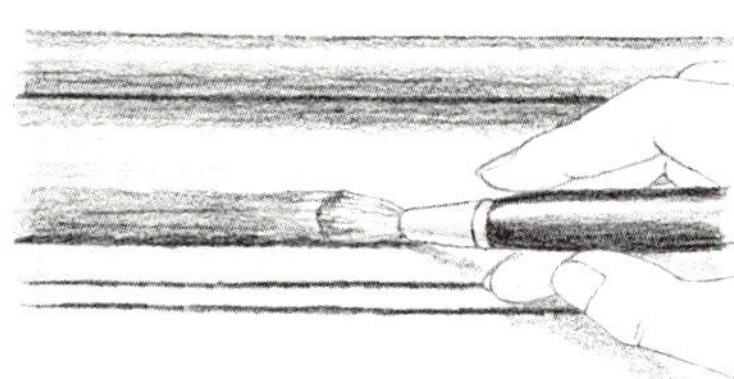

3 Peignez maintenant les parties grisées.

4 Enfin, peignez les parties en relief en blanc. Vous pouvez appliquer cette technique à des surfaces colorées, en mélangeant la couleur que vous utilisez avec du noir ou du blanc, dosés de façon appropriée.

À GAUCHE Cette petite commode a beaucoup de charme. Vous pouvez obtenir le même effet avec un vieux meuble mis au rebut en le peignant d'abord avec une sous-couche de blanc cassé que vous recouvrirez d'une couche de peinture tabac vieillie artificiellement. Le vase de fleurs représenté ici a été peint au pochoir puis à main levée pour parfaire l'effet ancien. Le vase lui-même présente un effet de grisaille en trois dimensions dans lequel les volumes sont modelés par les ombres courbes pour imiter les courbes de l'objet.

La grisaille peut également être utilisée en lignes simples pour donner l'illusion de panneaux, comme sur les côtés de cette petite commode (CI-DESSOUS). Les murs de cette pièce sont de réelles boiseries (À DROITE), mais vous pouvez recréer le même effet sur des murs ordinaires en recourant à la technique de la grisaille. Les tons plus sombres donnent l'impression d'une surface en retrait, tandis que les tons plus clairs donnent l'illusion de surfaces en relief ou qui reflètent la lumière. Exercez-vous sur un morceau de carton jusqu'au moment où vous obtiendrez un effet réaliste.

LA PEINTURE AU TAMPON

Vous pouvez trouver dans le commerce des motifs intéressants sous la forme de tampons de caoutchouc ou de bois prêts à l'emploi, dont vous pouvez vous servir pour décorer des murs, des meubles, des étoffes, des planchers et des abat-jour. Si vous préférez, vous pouvez fabriquer vos propres tampons à partir de racines de végétaux (pommes de terre) ou de linoléum d'artiste.

La peinture au tampon a une longue histoire : dans l'ancienne Babylone, des tampons sculptés dans du bois ou de l'os tenaient lieu de sceaux, et cet art est encore répandu en Polynésie et en Afrique. En Afrique occidentale, on sculpte des motifs simples sur des gourdes dont on se sert pour imprimer les tissus. Les premières teintures utilisées pour l'impression à la main ont été fabriquées à partir de pigments finement pilés comme la suie, l'ocre rouge et différentes terres, mélangées avec une huile qui jouait le rôle de liant.

Les meilleurs effets sont obtenus avec des motifs simples, pour éviter que la peinture ou l'encre ne fassent des taches si le tampon est trop chargé et que les lignes gravées s'engorgent.

Si vous fabriquez vous-même vos tampons à partir de linoléum ou de végétaux, prenez un motif simple (géométrique) et efforcez-vous de tracer des contours nets et réguliers en vous servant d'une lame fine comme celle d'un cutter. Si vous voulez sculpter des tampons dans des végétaux, il faudra d'abord laisser ceux-ci dégorger leur eau avant de vous en servir. Salez les parties découpées et laissez-les dégorger pendant vingt minutes, puis séchez-les avec un torchon.

Le linoléum est également facile à découper avec une lame très fine — l'avantage est que la peinture y adhère mieux que sur des végétaux. Abrasez la surface avec de la laine d'acier afin de permettre une meilleure adhérence de la peinture.

FABRIQUEZ VOS PROPRES TAMPONS

1 Dessinez le motif sur le morceau de linoléum ou de végétal avec un feutre.

2 Dégagez les contours du motif en creusant les surfaces qui ne doivent pas être encrées ou enduites de peinture.

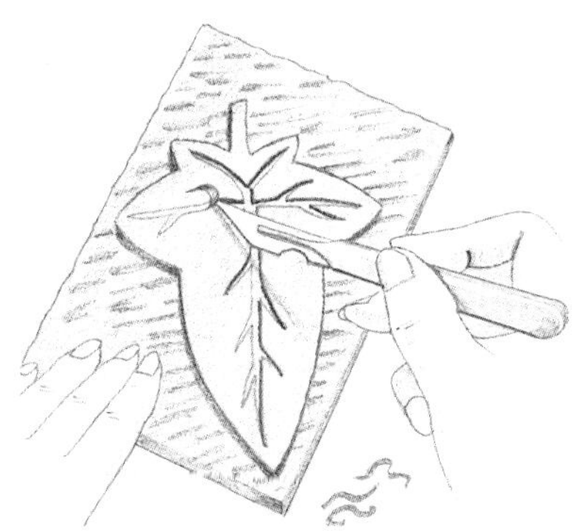

3 Si vous utilisez du linoléum, abrasez la surface du tampon à l'aide d'une fine laine d'acier afin de permettre une meilleure adhérence de la peinture.

CI-CONTRE Les tampons permettent d'ajouter des éléments de décoration vite et facilement. Vous pouvez les acheter prêts à l'emploi, les faire vous-même ou encore demander à un fabricant spécialisé de les confectionner à partir de vos dessins ou de photographies. Ces motifs ont d'abord été peints en vert foncé, puis badigeonnés avec une peinture à émulsion diluée.

Utilisé aux mêmes fins qu'un pochoir, le tampon permet de décorer de petites surfaces pour mettre en valeur un élément architectural, comme un encadrement de fenêtre ou un panneau de porte ou un volet. Autrefois, les impressions au tampon étaient la forme de décoration la plus répandue pour les papiers peints. Cette technique s'utilise encore de nos jours, et l'effet légèrement inégal qu'elle permet d'obtenir est très prisé, aussi les tampons à imprimer à la main coûtent-ils très cher. Vous pouvez recréer cet effet vous-même en fabriquant quelque chose de similaire.

L'un des effets les plus séduisants consiste à imprimer les motifs au hasard ou à faire en sorte qu'ils se chevauchent. Cependant, si vous souhaitez obtenir un motif régulier, vous devrez mesurer et marquer la surface à l'aide d'un T afin que les empreintes soient bien alignées. Utilisez de la craie pour marquer leur emplacement afin de pouvoir ensuite effacer les repères facilement.

Vous pouvez utiliser de la peinture ou de l'encre d'imprimerie. La meilleure peinture est l'acrylique d'artiste diluée avec de l'eau à laquelle on ajoute un liant à base d'acrylique pour obtenir la consistance d'une crème épaisse. La peinture acrylique sèche vite, aussi évitez d'en mélanger plus que vous n'en pouvez utiliser en une demi-heure. Comme toujours, notez méticuleusement les couleurs et les quantités utilisées afin de pouvoir obtenir le même coloris s'il est nécessaire par la suite.

Une fois que vous avez mélangé et préparé la couleur, transférez-la sur une feuille de verre (on utilise du verre sur lequel la peinture ou l'encre s'étalent mieux). Étendez-la à l'aide d'un petit rouleau d'imprimerie, puis pressez le tampon sur la peinture. Faites un essai sur une feuille de papier pour voir s'il y a suffisamment de peinture, puis assurez-vous que la consistance n'est ni trop légère ni trop épaisse, et que la pression du tampon est égale. Quelques irrégularités d'application peuvent être du meilleur effet — cela donne un aspect artisanal au motif.

Le matériel pour la peinture au tampon. Vous pouvez acheter le tampon, le rouleau et la peinture prêts à l'emploi si vous le souhaitez. Sinon, fabriquez votre tampon vous-même, puis achetez un rouleau de caoutchouc et utilisez de la peinture à émulsion (latex) ou de l'encre d'imprimerie de couleur pour la peinture.

TECHNIQUES D'IMPRESSION

1 Mélangez dans un petit récipient l'encre d'imprimerie ou les peintures jusqu'à ce que vous ayez obtenu la couleur et la consistance souhaitées.

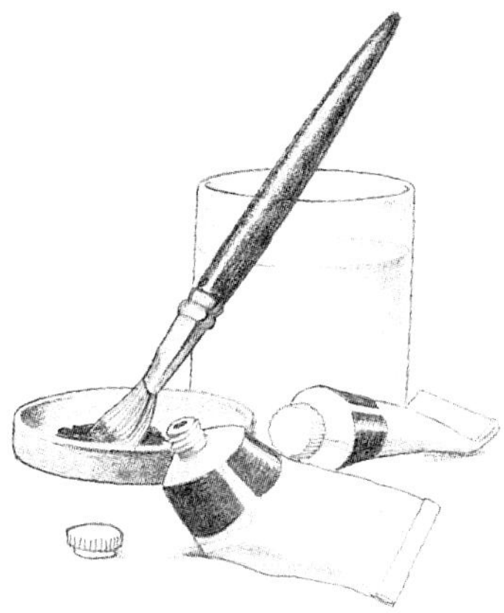

2 Versez le mélange sur une feuille de verre et étendez-le à l'aide d'un rouleau d'imprimerie dans plusieurs directions différentes.

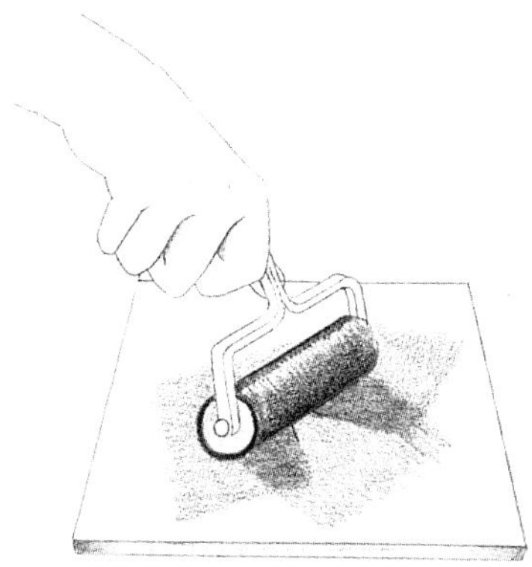

3 Pressez le tampon, face vers le bas, sur le mélange, afin de l'imprégner d'encre ou de peinture.

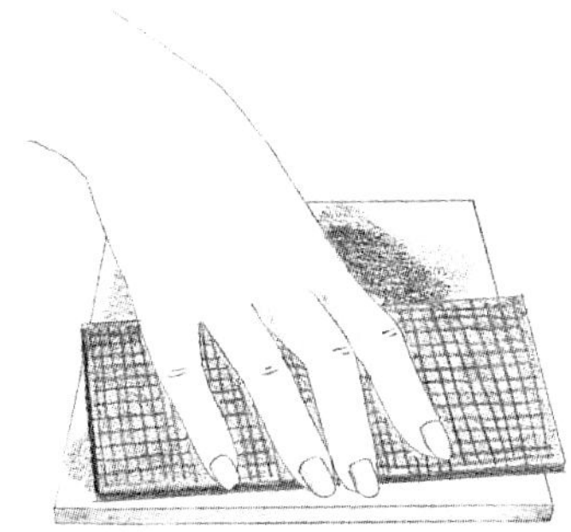

4 Appliquez le tampon ainsi imprégné sur une feuille de papier ou de carton et pressez fermement d'un geste sûr. Soulevez le tampon d'un geste vif. Examinez l'empreinte ainsi obtenue. Si l'impression est inégale, il se peut que la surface du tampon ne soit pas parfaitement régulière ou que la peinture soit trop sèche ou trop épaisse. Si l'image est floue et que les lignes du motif sont engorgées d'encre, c'est que celle-ci est trop fluide.

5 Une fois que vous avez obtenu l'effet souhaité, appliquez le motif à la surface que vous voulez décorer. Lorsque le décor est sec, passez un vernis acrylique mat à l'eau pour l'imperméabiliser.

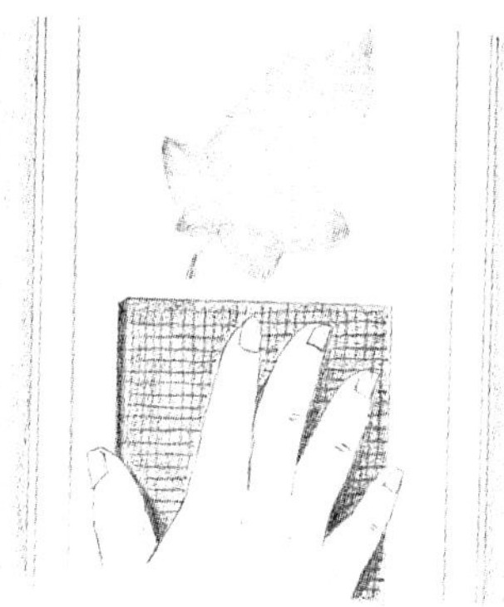

Les couleurs chaudes (jaune, abricot, pêche, rose et rouge) sont particulièrement bienvenues pour « réchauffer » la lumière naturellement bleutée que l'on reçoit dans les pièces exposées au nord ou à l'est. Le jaune plus vif (CI-DESSUS) contient beaucoup plus de bleu, et par conséquent semble bien plus acide que le jaune teinté de rose pêche de la pièce représentée ci-contre, qui contient une certaine quantité de rouge. Utiliser du blanc cassé, plutôt que du blanc pur, permet également de donner de la chaleur et d'atténuer la couleur. Dans la pièce jaune acide (CI-DESSUS), les placards grillagés ont été peints dans la même couleur que les murs, ce qui attire l'attention sur leur contenu tout en donnant une unité de couleurs à l'ensemble. Le lambris blanc permet d'éviter que le jaune n'ait un effet écrasant. Dans la pièce aux murs rayés de jaune pêche (À GAUCHE), les motifs de la frise de papier et des tissus d'ameublement retiennent le regard, et la couleur des murs fait écho à la couleur dominante des impressions.

CI-DESSUS Une harmonie de couleurs subtile faisant appel aux verts cendrés et aux verts mousse ajoute à l'élégance de ce salon britannique de style édouardien. Le plafond blanc donne plus de hauteur à la pièce, en conformité avec le style de l'époque.

À DROITE Beaucoup de gens hésitent à utiliser des couleurs fortes, mais elles peuvent être du meilleur effet. Ici, la laque rouge des murs est contrebalancée par les verts clairs froids de la frise et des boiseries. La couleur forte constitue une toile de fond idéale pour les tableaux et les meubles indiens. Le thème indien est complété par les rideaux de tapisserie de Cachemire.

LEEK
CARROT · LEEK · TOMATO ·

CHAPITRE 5

Les cuisines

Les cuisines ont plus souvent besoin d'être décorées que les autres pièces de la maison, surtout de nos jours où elles servent aussi fréquemment de salle à manger. Finie, l'époque des kitchenettes minimalistes qui occupaient généralement le plus petit espace de la maison. Aujourd'hui, même dans les appartements et les maisons de dimensions modestes, les pièces sont souvent disposées de façon à laisser beaucoup de place pour la cuisine-salle de séjour où règne une atmosphère chaleureuse et décontractée. Dans les cuisines modernes, les meubles sur pied sont souvent remplacés par des meubles encastrés, avec un style de décoration beaucoup plus éclectique et des éléments aux couleurs et aux finis différents.

Pour les nombreuses personnes qui ont opté systématiquement pour les meubles de pin dans les années 1980, les techniques de finitions de peinture ou de vieillissement et de patine artificiels s'avèrent très utiles pour modifier l'aspect d'une cuisine sans dépenser une fortune.

Les buffets ou vaisseliers de pin peuvent être peints en vert olive ou en bleu roi, puis légèrement poncés afin de laisser transparaître le bois, et enfin cirés pour donner un aspect patiné. Les murs peuvent être badigeonnés ou mouchetés en ocres doux, en ocres bruns ou en bleu-gris. Les planchers de bois peuvent être teints ou cérusés pour s'intégrer à l'harmonie d'ensemble. Le bois, le lino et les carreaux de vinyle donnent une impression de chaleur et de confort, tandis que la froide surface des tommettes convient moins aux climats plus rigoureux.

Cette cuisine paraît plus claire grâce à l'utilisation du blanc sur les plinthes et les portes, tandis que le vert des motifs de légumes qui ornent le papier peint est repris par la couleur du buffet et par celle, plus foncée, du fourneau. Une frise collée juste au-dessous du plafond assure une continuité visuelle dans ce qui risquerait autrement d'apparaître comme d'un mélange disparate d'éléments différents. L'effet recherché dans cette cuisine est de créer une impression de continuité.

Lorsque vous choisissez un assortiment de couleurs pour une pièce, assurez-vous qu'il s'harmonise avec les bibelots ou autres que vous souhaitez y exposer. Il est souvent bien avisé de choisir une collection d'objets — cruches, assiettes, peintures — et de vous laisser guider par ses couleurs. Le motif très simple de ce papier peint se conjugue à merveille, tant sur le plan de la couleur que du style, avec la décoration traditionnelle des cruches. L'étagère verte coordonne l'ensemble.

L'aspect rustique — qu'il s'agisse d'une maison de campagne anglaise, américaine ou française — tient essentiellement à l'utilisation de matériaux naturels tels que le bois, la pierre et la brique. Si votre cuisine a des installations fixes qui ne sont pas en vrai bois, vous pouvez leur donner une apparence plus naturelle, soit en fixant des portes de bois par-dessus celles des éléments déjà en place, soit en peignant ceux-ci et en leur donnant un fini qui imite le bois.

Quels que soient les matériaux choisis, ils doivent résister à la vapeur et à la graisse. En d'autres termes, utilisez une peinture à fini coquille d'œuf ou l'une des peintures acryliques modernes, ainsi qu'un papier peint vinyle ou enduit de vinyle.

Du fait qu'une cuisine contient nécessairement de la vaisselle, des verres et toute une batterie d'ustensiles dont une grande partie est accrochée aux murs, l'harmonie de couleurs doit servir de toile de fond à ces objets plutôt que de rivaliser avec eux. Évitez les motifs trop voyants. Une finition de peinture qui donne une impression de légère texture, telle que la peinture à l'éponge ou au chiffon, ou encore le mouchetage, est idéale, de même qu'un badigeon encore plus assourdi (voir pages 54-56).

Si vous voulez peindre quelques meubles ou installations fixes, assortissez les couleurs avec soin, pour qu'il ait l'air naturel et non hétéroclite. La variété peut être introduite sans créer un effet trop tapageur si on utilise des couleurs qui s'harmonisent bien, avec juste ici et là un contraste isolé destiné à animer l'ensemble. Vous pouvez peindre vos murs à l'éponge en vert Nil pastel, vos placards en vert foncé vieilli, avec çà et là, une touche de rouge indien pour les coussins des sièges ou pour les rideaux, reprenant le ton rouge rouille chaud du sol carrelé. Les harmonies fondues de bleus, beiges et blancs cassés du style gustavien iraient bien dans une cuisine où la vaisselle, par exemple, s'ornerait de fleurs des champs. Mais si la vaisselle est en terre cuite peinte à la main, une harmonie de couleurs comme les bleus et jaunes vifs de la cuisine de Monet à Giverny fournira un fond coloré.

Les étoffes, telles que rideaux, nappes, garnitures de fauteuils et coussins, permettent d'atténuer l'apparence d'une cuisine à l'apparence sévère, de même que la présence de quelques motifs — une frise peinte au pochoir autour d'un encadrement de fenêtre ou de porte, ou des panneaux de commode ou de volets peints. Si vous avez opté pour le style suédois plutôt neutre, assurez-vous que les motifs ne sont pas trop criards, car ils domineraient le décor et le déséquilibreraient. Des couleurs primaires fortement contrastées sur des murs ou des meubles peuvent être contrebalancées par des étoffes aux rayures ou aux carreaux de couleurs également vives. Vous pouvez acheter des cotonnades rayées ou à carreaux pour un prix très modique ou peindre les étoffes vous-même (voir page 89).

VIEILLISSEMENT ET PATINE

Pour vieillir et patiner vos meubles, c'est-à-dire pour leur donner une apparence vieillie, vous devez gratter la peinture afin de mettre au jour les couches sous-jacentes. Si vous avez visité l'Europe méridionale et admiré l'effet de la peinture altérée par les intempéries, vous pouvez aisément imiter cet effet.

L'une des grandes vertus des effets de peinture est qu'ils permettent de donner à un meuble un caractère qu'il ne possède pas au naturel. Quiconque a acheté un meuble en bois de pin et a fini par s'en lasser peut, à peu de frais, en faire une très belle pièce d'ameublement, en le peignant puis en le vieillissant artificiellement.

Il existe plusieurs méthodes de vieillissement des meubles de bois, et l'un des plus simples est celle qui a été utilisée pour le vaisselier de la page précédente.

Passez une épaisse couche de peinture sur le vaisselier. Les peintures obtenues avec un mélange de peinture à émulsion (latex) et d'impression (voir Dépositaires et Fournisseurs) sont idéales, sinon, utilisez une peinture à émulsion ordinaire, puis recouvrez-la d'une couche de peinture d'une autre couleur. Lorsqu'elle est sèche, il vous suffit de poncer la peinture avec de la laine d'acier pour faire réapparaître la couche de dessous, voire le bois. Pour protéger le meuble, vernissez-le avec un vernis polyuréthanne ou cirez-le simplement, en faisant pénétrer la cire avec de la laine d'acier douce, puis attendez vingt minutes avant de lustrer avec un chiffon.

CI-CONTRE Ce placard en bois de pin a retrouvé un second souffle lorsqu'on l'a peint en vert pré avant de le poncer légèrement pour faire transparaître le bois par endroits et lui donner une apparence vieillie. Cirez le meuble avec de la cire « antiquaire » pour renforcer cette apparence vieillie. Poncez plutôt les parties proéminentes — coins, poignées, parties saillantes — afin qu'il ait une apparence d'usure naturelle.

Lorsque vous abrasez la peinture, essayez d'imiter l'usure naturelle du temps. Frottez les coins, les bords et toutes les surfaces les plus exposées afin que l'usure ait l'air aussi authentique que possible.

Une autre façon de vieillir les meubles est d'utiliser de la peinture craquelée. Cette méthode consiste à appliquer une couche de médium à craqueler entre deux couches de peinture à émulsion (latex), de façon à ce que la couche supérieure ait l'air décrépite. Appliquée avec soin, cette technique donne d'excellents résultats, en particulier si vous choisissez des couleurs douces — crème, vert et bleu sourds, rouge brique...

POUR VIEILLIR UN MEUBLE

1 Préparez et apprêtez le bois si nécessaire. En ce qui concerne les vieux meubles de bois de pin, éliminez toute trace de cire en ponçant avec une fine laine d'acier trempée dans du white spirit, puis frottez avec du vinaigre.

2 Appliquez une couche de peinture de fond brun sombre assez épaisse sans vous inquiéter de l'effet produit — elle sera recouverte par les couches suivantes.

3 Une fois que la couche de base est sèche, appliquez la seconde couche de peinture — dans la couleur que vous avez choisie pour ce meuble.

4 Enduisez la surface de cire « antiquaire » (cire à patiner).

5 À l'aide d'une laine d'acier grossière, abrasez sélectivement la peinture pour faire réapparaître les couches sous-jacentes.

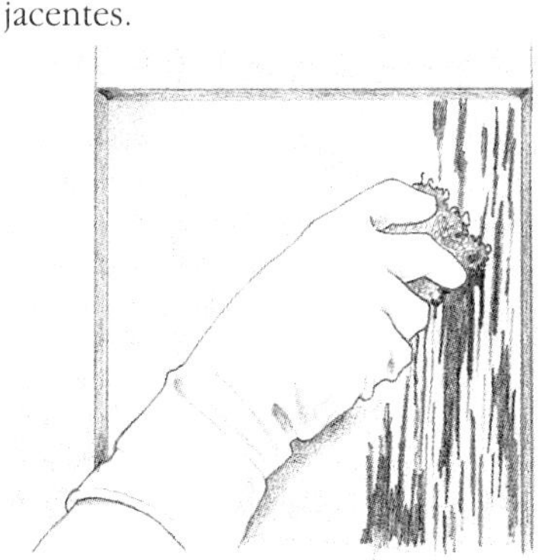

6 Lustrez avec un chiffon doux.

BEETROOT
BEETROOT
TOMATO · PEA · CARROT

TOMATO · PEA
CARROT · LEE

LE DÉCOUPAGE

Utilisé dans les siècles passés pour décorer les beaux meubles, ce passe-temps très populaire à l'époque victorienne chez les dames désœuvrées connaît aujourd'hui un regain de popularité. À la base, il consiste à coller des images découpées sur une surface, puis à vernir celle-ci afin de donner l'illusion que les motifs ont été peints. Suivant les images utilisées, vous pouvez obtenir différents effets, depuis le collage victorien aux peintures à la main les plus exquises, mais vous pouvez également décorer des paravents, des coffres à jouets, etc.

Entraînez-vous sur de simples objets usuels — plats, poubelles ou boîtes à chapeaux —, et transformez-les en de véritables objets d'art.

Il vous faut trouver de beaux papiers à découper. Dans la cuisine au verso, on a simplement découpé les images du papier peint pour les coller sur le plateau. Les papiers peints, les calendriers, les papiers cadeau, les catalogues et les paquets de graines constituent une bonne source d'images, mais il existe des albums conçus exprès pour le découpage qui reproduisent de vieilles images de revues et des livres de découpages de l'époque victorienne. Vous pouvez également photocopier des motifs de livres ou d'étoffes et les peindre vous-mêmes. Tout l'art consiste à disposer ces éléments de façon à en faire un tableau.

Autrefois, pour obtenir une surface lisse, laquée, imitant celle des meubles peints, il fallait passer environ vingt couches de vernis par-dessus les collages et poncer entre chaque couche. De nos jours, vous pouvez acheter un vernis spécial pour découpages qui donne le même résultat avec beaucoup moins de couches. S'il vous importe peu que la surface soit très lisse, vous pouvez vous conten-tez de deux couches de vernis polyuréthanne.

À DROITE Ce détail d'un plateau montre comment les images découpées dans du papier peint ont été disposées pour faire un collage original, mais on n'a pas la surface lisse, généralement associée à cette technique. Ici, le but n'est pas d'imiter une peinture : c'est un collage sans prétention, qui convient particulièrement à une cuisine.

CI-CONTRE On a peint de larges rayures vertes et blanches sur le mur derrière le vaisselier en se servant d'un fil à plomb et de ruban de masquage pour séparer les rayures. Cet effet donne un air plus moderne à ce meuble très traditionnel.

TECHNIQUES DE DÉCOUPAGE

1 Découpez les images avec soin à l'aide de ciseaux ou d'un cutter et d'une planche à couper. Ayez soin de tracer des contours bien nets.

2 Assurez-vous que la surface sur laquelle vous avez l'intention de coller les images est propre, et si nécessaire, peignez-la d'abord et laissez-la sécher.

3 Disposez les images à votre gré, puis collez-les avec de la colle, en vous assurant que les bords adhèrent bien. Servez-vous d'une éponge humide pour aplanir la surface des collages afin de chasser les bulles d'air et d'ôter toute trace de colle.

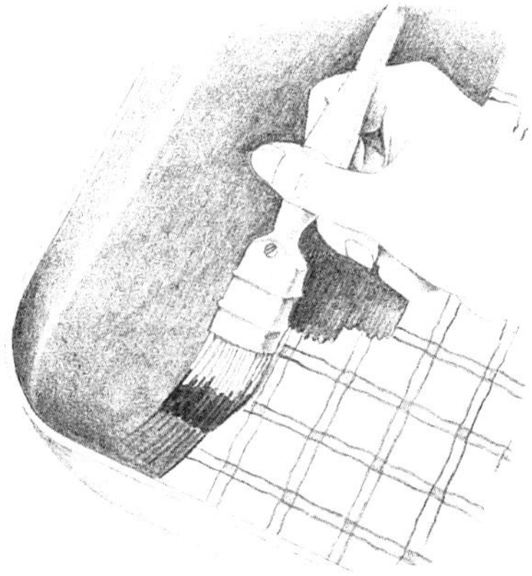

4 Une fois que le collage est sec, enduisez-le d'une fine couche de vernis légèrement teinté d'ocre ou de marron si vous voulez lui donner un air ancien. Après séchage, repassez une couche de vernis. Laissez sécher, puis poncez. Continuez ainsi, en ponçant toutes les deux couches, jusqu'à ce que la surface ait l'air parfaitement lisse et laquée.

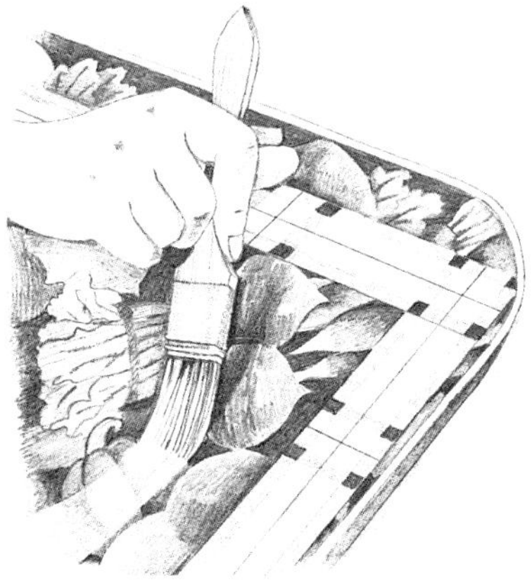

CI-CONTRE Les images de ce petit plateau ont été découpées dans les chutes du papier peint utilisé pour tapisser la cuisine, puis collées sur l'objet au gré de l'inspiration de l'artiste. Si vous préférez, vous pouvez coller une image unique au milieu du plateau, ou la répéter de façon à en faire une bordure, ou encore la disposer aux quatre coins de l'objet.

Les combinaisons de couleurs subtiles et douces sont trop rarement utilisées dans les cuisines, où l'on a tendance à rechercher les contrastes vifs. Le badigeonnage est une excellente formule pour les cuisines, à condition qu'il soit ensuite verni pour résister aux vapeurs et à la condensation. Ces belles harmonies d'ocre, de brun et de beige qui évoquent les cuisines toscanes mettent en valeur les ustensiles de cuivre et d'acier qui, sur une toile de fond plus vive, pourraient avoir une apparence dure et « clinique ». Les colonnes de pin qui encadrent la porte rendent cette cuisine encore plus intéressante et originale.

CI-DESSUS La ceinture de cette belle table de cuisine s'orne d'un motif de poissons peints au pochoir. Elle fait écho à l'harmonie de couleurs utilisée pour les murs et les placards et relie la table au reste de la pièce.

À DROITE D'élégants oiseaux peints au pochoir ornent les panneaux de ces placards de cuisine. Les bordures, également réalisées au pochoir, complètent la décoration. Les tons rouges et bleus contrastent avec le beige clair des placards, sans apparaître trop voyants.

The Tate Gallery
CEDRIC MORRIS
Manet
Manet
Manet

CHAPITRE 6

Les chambres à coucher

De toutes les pièces de la maison, la chambre est probablement celle qui reflète le mieux la personnalité de l'occupant, et la décoration sera, dans une certaine mesure, une expression de son style de vie. On peut utiliser la couleur pour créer une ambiance, et là, les couleurs plus sombres — les cramoisis et les bleus indigo — permettent de créer une impression de chaleur dans la pièce. Les couleurs claires feront paraître plus spacieuse une chambre exiguë et égaieront celles qui reçoivent peu de lumière. Les couleurs douces ne sont pas nécessairement ennuyeuses, en particulier si vous choisissez des harmonies inhabituelles ou un peu tranchées : verts acidulés et roses clairs ou abricot ; bleu de cobalt et jaune ; lilas et couleur café...

Les chambres à coucher peuvent être somptueuses, avec un papier peint très affirmé, des peintures sombres et des rideaux de lit riches ; elles peuvent être charmantes, avec des cotonnades et des papiers à ramages pastel et des meubles délicatement peints à l'éponge ou avec une couleur « tirée ». Le tissu dans une chambre tend à créer une atmosphère plus douce et si vous voulez en jouer, n'hésitez pas. Prenez garde,

Le papier est d'un effet particulièrement heureux dans les grandes pièces carrées aux cimaises élevées. Ici, les roses contrastant avec les verts sont à la base de l'harmonie de couleurs, les murs étant tapissés d'un papier peint à petits motifs géométriques blancs sur fond vert clair, et la partie du mur située au-dessus de la cimaise étant tapissée d'un papier peint à carreaux roses. La literie, qui fait partie d'une gamme coordonnée, avec un motif floral rose et vert et un motif à carreaux, complète l'ensemble. Le vert et le rose s'accordent bien lorsqu'on utilise des valeurs similaires, le vert contrebalançant un rose qui peut devenir écœurant. Ce rose contient beaucoup de bleu, aussi peut-il être très froid, mais le vert contient beaucoup de jaune, mettant ainsi le rose en valeur.

cependant, de ne pas en faire trop. Trop de volants, de falbalas et de fanfreluches seront d'un effet fade et écœurant ; si vous utilisez de jolies couleurs pastel, optez pour des étoffes simples. Si vous choisissez des harmonies de marron, de vert bouteille, de brun, ou de noir et blanc, vous pouvez vous permettre des étoffes et des draperies plus riches, ainsi que des papiers aux motifs plus affirmés. Tout est question d'équilibre. Si l'atmosphère est trop sévère, trop « clinique », elle ne répondra pas à vos besoins affectifs ; si la décoration est trop coquette et trop féminine, elle perdra de son élégance et de sa sobriété.

Le lit est généralement l'élément principal de la pièce, et les tissus choisis pour les coussins et le couvre-lit détermineront les couleurs des autres surfaces.

Il est souvent bien avisé de se baser sur la couleur ou le thème des tissus d'ameublement de la pièce pour concevoir son décor, par exemple en reprenant le motif pour fabriquer un pochoir destiné à décorer les stores, les rideaux, les lambrequins et les abat-jour. Dans la chambre de la page 82, le simple motif à carreaux utilisé pour la partie située au-dessus de la cimaise a été reproduit à main levée sur des abat-jour blancs, une bonne astuce pour unifier l'harmonie de couleurs.

« TIRER » LA PEINTURE

Pour créer des surfaces douces à l'œil et propices à la détente, employez les effets de peinture cassés qui font partie du répertoire de la décoration intérieure. La technique consistant à « tirer » la peinture permet d'obtenir une finition particulièrement adaptée aux boiseries, car elle leur évite d'avoir un aspect trop brillant et trop dur. Pour une chambre de style rustique, vous pouvez transformer une armoire blanche des plus ordinaires en la peignant avec une peinture de couleur pastel vert clair, bleu clair ou abricot, que vous « tirerez ». En y regardant de près, vous vous apercevrez que certaines surfaces absorbent la lumière, tandis que d'autres la réfléchissent. Une surface brillante est nette, tandis qu'une surface mate tend à créer un effet plus subtil et plus doux.

La technique qui consiste à « tirer » la peinture est très utile, car elle permet d'obtenir une finition brillante mais sans dureté. La méthode est simple : il suffit de « tirer » une couche de peinture par-dessus la sous-

Dans cette pièce, le haut plafond a été abaissé visuellement grâce à l'utilisation d'un papier peint de couleur contrastée au-dessus de la cimaise. Pour la cheminée, une couche de peinture vert clair a été « tirée » par-dessus une sous-couche blanche, donnant un air plus moderne à cet élément d'architecture traditionnel.

couche à l'aide d'une brosse à poils souples, afin que la couche supérieure laisse des lignes verticales légèrement irrégulières sur la couche de fond. Vous pouvez utiliser cette technique pour des murs, mais elle convient particulièrement aux boiseries. Pour que la couche supérieure glisse aisément sur la couche de fond, il faut que celle-ci soit luisante — peinture satinée ou à fini coquille d'œuf — et de préférence à base d'huile. La couche supérieure est un glacis teinté, qui était autrefois fabriqué à partir d'huile de lin, d'essence de térébenthine et de blanc d'Espagne. Aujourd'hui, on peut acheter ce glacis prêt à l'emploi dans n'importe quelle bonne droguerie. Pour un effet plus subtil, utilisez de la peinture à émulsion (latex).

Vous pouvez également acheter un glacis acrylique, qui présente l'avantage d'être à base d'eau. Ce type de glacis doit être appliqué sur une sous-couche de peinture à l'eau, par exemple un fini coquille d'œuf à l'acrylique ou un fini satiné à émulsion. Un peintre expérimenté vous dira que l'acrylique ne donne ni la richesse ni la luminosité que rendent les glacis à base d'huile. En outre, elle sèche plus vite, ce que l'on pourrait croire pratique, mais qui n'est pas une qualité souhaitable, car la peinture doit rester humide le plus longtemps possible pour que l'on puisse la « tirer » avec une brosse ou la travailler à l'éponge ou au chiffon. Cependant, si vous pouvez vous faire aider par quelqu'un — l'un de vous applique le glacis pendant que l'autre le « tire » avec la brosse —, l'acrylique permet d'aller plus vite ; par ailleurs, elle n'a pratiquement pas d'odeur, à la différence des peintures et glacis à l'huile.

De même que pour toutes les autres techniques de peinture, il faut être sûr de soi lorsqu'on applique cette méthode : il est recommandé de s'entraîner d'abord sur un grand morceau de carton ou sur un mur destiné à être repeint. Le problème le plus courant est une accumulation de glacis dès que l'on s'interrompt. L'idéal serait de « tirer » la peinture de haut en bas en un seul mouvement, mais comme cela est pratiquement impossible, la solution est de s'arrêter aux deux tiers de la surface, puis de peindre le troisième tiers en remontant et en fondant légèrement la peinture au point de rencontre pour empêcher qu'une marque se forme. Ayez soin de ne jamais vous arrêter au même niveau à chaque fois, sinon il se formera une ligne visible tout autour de la pièce ou du meuble que vous êtes en train de décorer.

L'UTILISATION DE LA COULEUR

Cette technique fait souvent appel à un glacis pastel que l'on « tire » par-dessus une surface blanche, ou bien une à couleur plus foncée que l'on « tire » par-dessus une couche de fond pastel, de façon à ce que celle-ci transparaisse à travers le glacis plus sombre, ce qui donne un fini agréable et léger. Si vous n'avez aucune expérience de cette technique, choisissez un glacis qui ne sera pas trop éloigné de la couleur de la couche de fond, afin que les marques de la brosse soient moins visibles. Il sera facile d'appliquer un glacis pastel vert, bleu ou beige par-dessus une couche de fond blanche, ou un glacis lilas par-dessus une sous-couche grise.

La gamme des glacis prêts à l'emploi que l'on trouve dans le commerce étant assez limitée, il vaut mieux teinter votre glacis vous-même. Si vous achetez un glacis à l'huile, teintez-le avec des peintures à l'huile pour artistes ou des teintures universelles, et si vous achetez un glacis acrylique, utilisez des pigments à l'acrylique. La gamme des couleurs d'artiste est beaucoup plus étendue que celle des teintures universelles, mais celles-ci sont plus faciles à mélanger du fait de leur fluidité. Soyez prudent, car une toute petite quantité vous fera un usage étonnant, et une fois que la coloration est faite, il est impossible de revenir en arrière. Ajoutez la couleur goutte à goutte jusqu'au moment où vous vous rapprocherez de la nuance souhaitée, puis faites un essai sur un carton pour voir à quoi elle ressemble une fois sèche. Si vous utilisez une couleur à l'huile pour artiste, allongez-la avec un peu de white spirit avant de l'ajouter à la peinture.

Lorsque vous aurez appris à maîtriser cette technique, vous pourrez essayer toutes sortes d'harmonies de couleurs, en utilisant une couche de base colorée afin d'obtenir un effet plus intéressant.

N'oubliez pas de noter toutes les couleurs que vous mélangez, de même que leurs proportions, faute de quoi il vous sera impossible de retrouver la même nuance. Même ainsi, il se peut que la couleur ne soit pas tout à fait la même, et, pour éviter cet inconvénient, préparez plutôt trop de peinture que pas assez.

Si vous vous trouvez à court de peinture avant d'avoir terminé, essayez au moins de finir le mur que vous avez commencé, car les différences de couleur d'un mur à l'autre ne se remarqueront pas : on les attribuera à l'éclairage.

Pour cette cheminée, on a repris les couleurs du papier peint qui l'entoure : vert cendré et blanc. Le glacis vert cendré a été « tiré » par-dessus une couche de fond blanc à fini coquille d'œuf, ce qui donne un délicat effet de transparence et adoucit l'impression d'ensemble.

COMMENT « TIRER » LA PEINTURE

1 Appliquez la couche de base avec une peinture à l'huile à fini coquille d'œuf ou une peinture satinée à émulsion (latex velours).

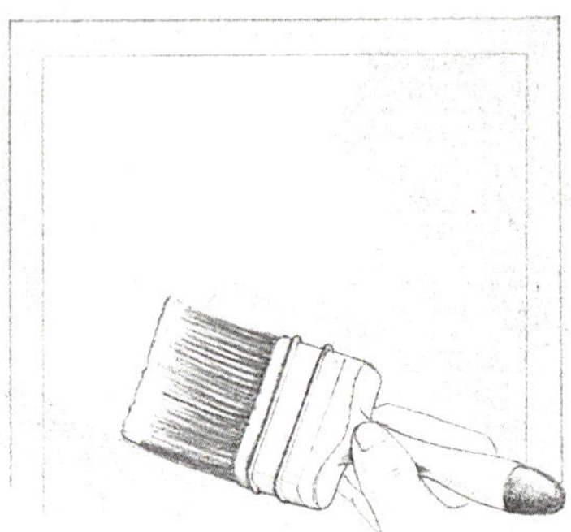

2 Teintez le glacis si nécessaire jusqu'à ce que vous obteniez la couleur souhaitée et commencez à l'appliquer sur le mur en croisant les coups de pinceaux. Si vous êtes seul, travaillez par petites surfaces.

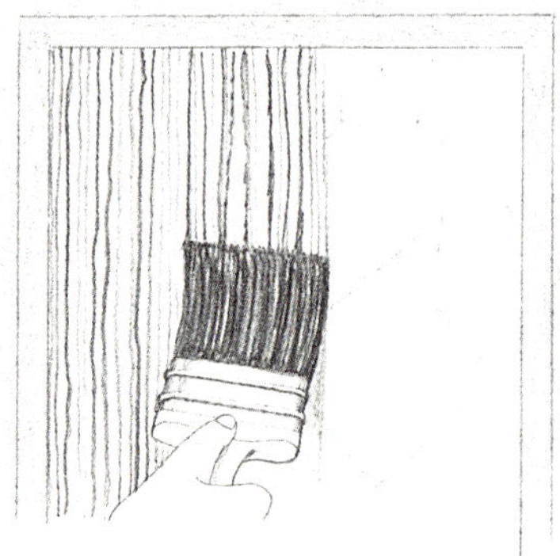

3 À l'aide d'une longue brosse à poils souples, si possible une brosse spéciale, lissez le glacis de façon régulière avant qu'il n'ait séché en travaillant de haut en bas.

4 Si vous ne pouvez pas « tirer » toute la surface en un seul mouvement, commencez en haut et « tirez » la plus grande partie de la longueur, puis repartez du bas et arrêtez-vous au point de rencontre. Fondez délicatement.

5 Pour rendre la surface plus résistante, par exemple dans une salle de bains ou une cuisine, vernissez-la à l'aide d'un vernis polyuréthanne transparent mat.

Ce gros plan de la cheminée montre bien les résultats obtenus grâce à la technique qui consiste à « tirer » la peinture. Le fini est doux, strié, moins dur à l'œil que la peinture laquée et cependant plus résistant que la peinture à émulsion (latex). Cette technique permet d'animer de grandes surfaces de boiseries et donne les meilleurs résultats avec des tons pastels assez doux.

LA PEINTURE SUR ÉTOFFE

Il est surprenant de constater à quel point les adultes hésitent à utiliser la peinture de façon non conventionnelle, alors que les enfants sont toujours prêts à expérimenter.

En ce qui concerne les abat-jour, à moins de choisir des couleurs simples, il est rare de trouver exactement les coloris qui vont avec le reste de la décoration, sauf si l'on achète des abat-jour appartenant à une gamme coordonnée. Pour donner une touche personnelle à votre pièce, vous pouvez aisément peindre un abat-jour blanc ou couleur parchemin avec une peinture à émulsion (latex) ou acrylique, à condition de vous en tenir à un motif très simple. Vous pouvez également vous servir d'un pochoir, mais il vous faudra alors choisir des motifs assez petits, car l'utilisation d'un pochoir autour de la base conique d'une lampe n'est pas évidente. Un motif qui recouvre toute une surface au hasard est plus facile à réaliser que la pose d'une bordure plus formelle dont les extrémités doivent se raccorder à la perfection.

Si vous souhaitez peindre des rayures ou des carreaux sur un abat-jour, utilisez du ruban cache pour éviter que les couleurs ne bavent les unes sur les autres.

CI-CONTRE Les différentes gammes de papiers, de frises et de bordures coordonnés peuvent être du plus heureux effet pour décorer les boîtes comme ces boîtes à chapeaux. Utilisez toujours la colle à papier peint recommandée par le fabricant.

TECHNIQUES À LA MAIN

1 Si la surface est poreuse, recouvrez-la d'une couche de peinture d'impression diluée pour la rendre étanche.

2 Si vous le souhaitez, protégez les rayures ou les carreaux avec du ruban cache. Appliquez la peinture à émulsion (latex) en rayures larges ou en gros carreaux sur toute la surface.

3 Si nécessaire, appliquez la deuxième couleur entre les premières pour obtenir un motif écossais.

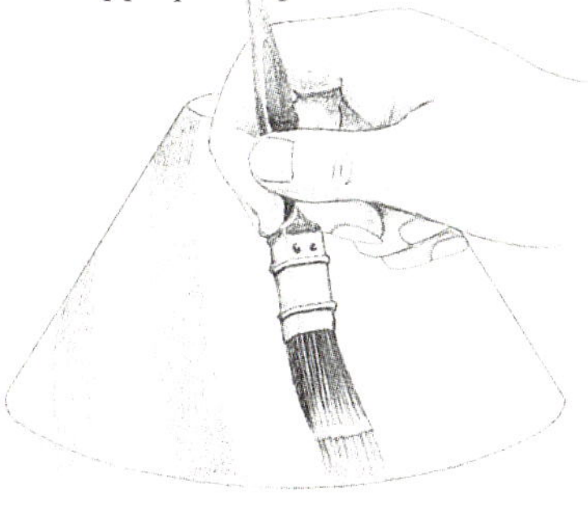

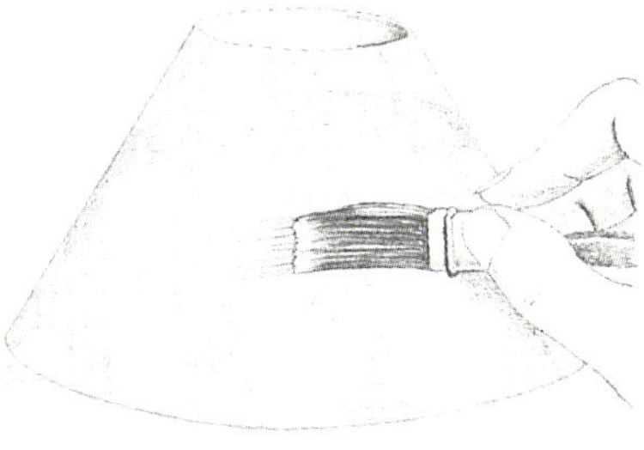

4 Vernissez l'abat-jour avec du vernis polyuréthanne mat afin de le rendre imperméable.

DÉCORATION DES BOÎTES

Utiliser des chutes de papier peint pour recouvrir des boîtes ou pour faire courir une frise le long d'une étagère permet de donner de l'unité à une pièce. Si le papier peint n'a pas de renfort, il est plus facile d'utiliser une colle en aérosol, mais vous pouvez également utiliser de la colle (blanche) si vous le souhaitez. Le papier peint autocollant ou pré-encollé peut être manipulé de la façon habituelle. Choisissez un motif approprié — l'effet sera plus joli si vous utilisez plusieurs papiers pour les bordures et les lisérés, par exemple une petite frise assortie pour le rebord d'un couvercle de boîte à chapeaux.

TECHNIQUES DE DÉCORATION DE BOÎTES

1 Mesurez la boîte et reportez ces mesures au dos du papier. Ajoutez 2 mm de chaque côté afin de pouvoir replier le papier sur les bords. Coupez les morceaux de papier à l'aide de ciseaux bien aiguisés ou d'un scalpel.

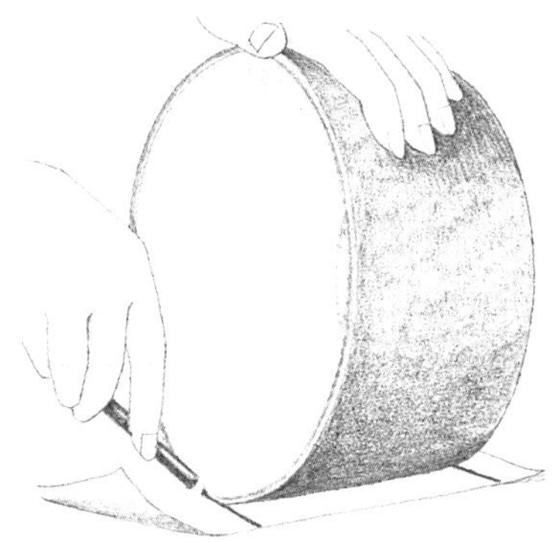

2 Enduisez le dos du papier avec de la colle pour papier peint, une colle en aérosol ou de la colle et enroulez-le soigneusement autour de la boîte. En commençant par le milieu de chaque morceau, lissez soigneusement la surface avec une éponge humide jusqu'aux bords. Entaillez les marges à intervalles réguliers afin de pouvoir plus aisément les replier sur les rebords.

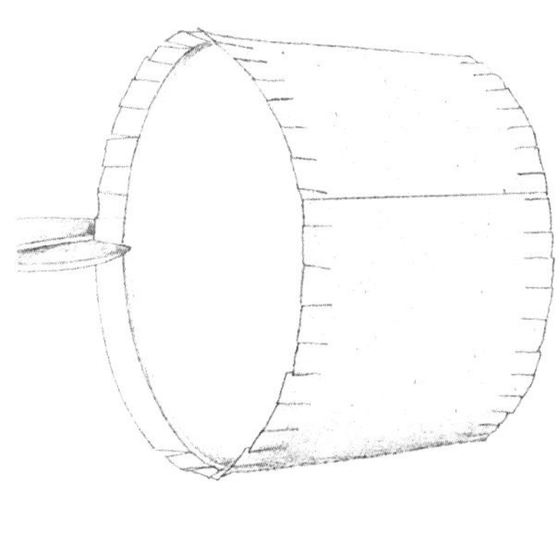

3 Replier les marges ainsi entaillées sur le rebord de la boîte et collez.

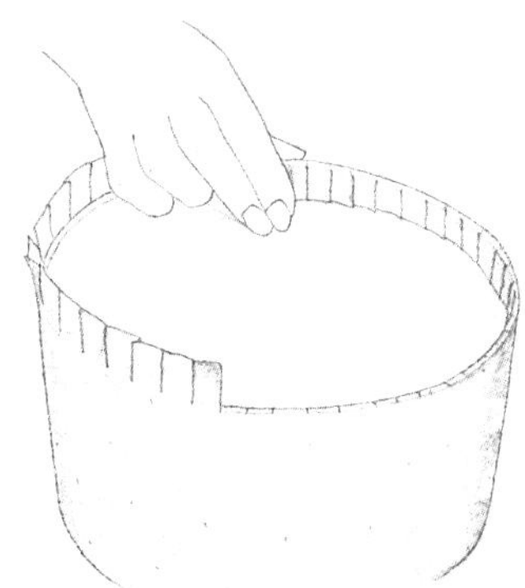

4 Recouvrez le couvercle de la même façon, puis coupez une bande pour le border et collez-la dessus avec soin.

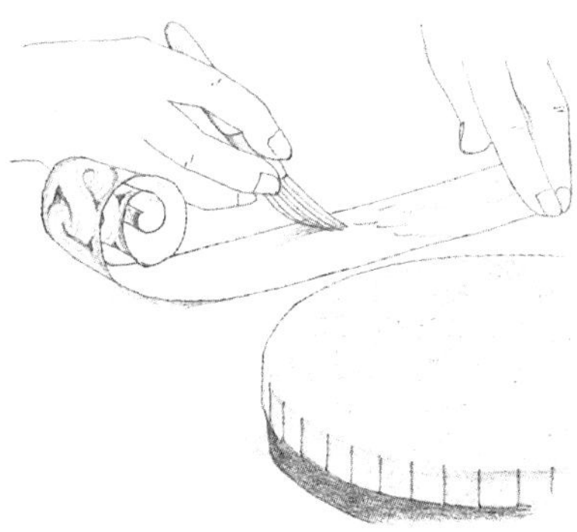

CI-CONTRE Les différentes gammes de papiers, de frises et de bordures coordonnés peuvent être du plus heureux effet pour décorer les boîtes comme ces boîtes à chapeaux. Utilisez toujours la colle à papier peint recommandée par le fabricant.

Les harmonies de couleurs neutres sont souvent du plus heureux effet et permettent de donner à une pièce une impression d'espace. Ces deux harmonies utilisent la gamme de couleurs chaudes jaune/abricot/beige. Dans cette pièce (À DROITE), les murs ont été peints à l'éponge, puis badigeonnés dans une crème teintée d'abricot. Une bordure d'épis de blé a été délicatement dessinée au pochoir dans une nuance légèrement plus foncée au niveau du plafond et souligne l'encadrement de fenêtre. Pour créer cet effet de vieillissement, vous pouvez être amené à badigeonner le mur après avoir peint les motifs au pochoir, en utilisant une peinture à émulsion (latex) diluée dans un ton légèrement plus foncé de la même nuance. Pour cette pièce à mezzanine (CI-DESSUS) on a retenu un abricot légèrement plus chaud et plus rose pour les murs mouchetés, tandis que la corniche de stuc a été vieillie avec des nuances de gris, répétant l'harmonie de couleurs du couvre-lit.

CI-DESSUS Ce papier peint de style chinois orné de branches chargées de fleurs et d'oiseaux exotiques fait grande impression. Il se prête bien aux grandes pièces traditionnelles au mobilier sophistiqué, mais peut également être du meilleur effet dans une pièce de dimensions modestes. Le reste de l'ameublement et l'harmonie de couleurs peuvent rester simples.

À GAUCHE Voici un exemple de motif au pochoir bien choisi. Les boucles délicates de la tête de lit ancienne sont reprises par les spirales de la bordure au pochoir, peintes dans une couleur sombre sur fond blanc.

À DROITE Avec son plancher de bois cérusé et son papier peint crème et bleu, cette chambre à coucher de style suédois gustavien est simple, mais pas ordinaire. Le style gustavien se base sur le bon usage de la lumière et de l'espace, avec des meubles peints en couleurs claires.

Dans cette harmonie de verts et de blanc (GAUCHE), la peinture a été réchampie en vert Adam, ce qui fait ressortir les éléments architecturaux et les relie aux boiseries du palier.

Cette harmonie d'ivoire, de jaune et de ton gris fumé est presque de style gustavien — lumineuse et claire, mais pas trop dominante. Les dessins du lambris font écho à ceux de la porte, tandis que les meubles peints en gris s'harmonisent avec le style général de la pièce.

CHAPITRE 7

Les chambres d'enfants

Comme les enfants grandissent vite, quelle que soit la décoration que vous envisagez, elle devra être changée plus souvent que celle de la plupart des autres pièces de la maison. De même qu'aucun enfant de neuf ans ne vivra dans une chambre aux rideaux et au papier peint ornés de nounours, aucun adolescent ne supportera les motifs destinés à plaire à un enfant de neuf ans.

Une solution pratique pour changer la décoration d'une chambre d'enfant est d'utiliser un mélange de papier et de peinture, avec des lambris tapissés de papier fantaisie et de la peinture ou un papier à petites impressions pour la partie murale située au-dessus des lambris. Cela présente un double avantage : lorsque vient le moment de redécorer, vous pouvez vous en sortir en remplaçant le lambris par un papier mieux adapté, et peut-être en changeant une bordure ou une frise.

Les lambris à motifs présentent en outre l'avantage de décourager les envies irrépressibles de faire des graffitis sur le mur — rien de plus attirant pour les petits, en effet, qu'une surface blanche à portée de leurs petites mains !

Si vous utilisez un revêtement vinyle ou enduit de vinyle lavable, vous pouvez aisément effacer les « œuvres » des coupables, ainsi que les inévitables traces de doigts qui les accompagnent. Si vous montez le lam-

Les enfants aiment le désordre, et un thème amusant ou bizarre a tôt fait d'enflammer leur imagination. Ici, une gamme coordonnée de parure de lit et de papier sur le thème du cirque a servi de base au projet de décoration. Le mur fait écho au fond jaune de la couette et de la taie d'oreiller, tandis que les peintures reprennent les bleus des impressions. Les motifs de la frise en papier qui borde la plinthe ont été découpés et collés sur la tête de lit, tandis que la bordure de cette frise a inspiré les peintures du sol.

bris un peu plus haut qu'il n'est habituel de le faire — jusqu'à environ 1,2 m —, vous éviterez bien des complications.

Si la plupart des enfants aiment un foisonnement de couleurs, de motifs et d'ornements, il est recommandé de se montrer assez souple, de façon à pouvoir enrichir la décoration ou la modifier insensiblement à mesure que l'enfant grandit, en laissant un espace mural libre pour les collections de posters ou pour des étagères chargées de nouveaux jouets. Les expositions de jouets font un effet extraordinaire, mais n'oubliez pas que les jeunes visiteurs de vos tout-petits ont la fâcheuse habitude de détruire la voiture de pompiers préférée de votre cadet, aussi faut-il vous assurer que tous les jouets fragiles sont hors de portée des éventuels agresseurs. Les objets que les enfants aiment le plus sont souvent très colorés et amusants, et il n'est pas inintéressant de les inclure dans votre projet de décoration de façon à ce qu'ils deviennent un centre d'intérêt plutôt qu'un objet jurant avec le reste de la pièce.

Les bordures au pochoir ou en papier s'avèrent très utiles pour ajouter de la couleur et de l'intérêt à la pièce, et elles peuvent avoir un aspect pédagogique, en racontant une histoire ou une comptine ou encore en présentant les lettres de l'alphabet. Il cxiste toute une gamme de frises et de bordures ravissantes destinées aux enfants, reproduisant par exemple des personnages de livres, de chansons ou de films.

Rien ne vous empêche de faire des décorations au pochoir sur les tissus aussi bien que sur les murs ou les meubles ; ainsi, vous pouvez reprendre le motif d'une bordure pour le coin d'une taie d'oreiller. Les étagères peuvent être ornées de frises ou de bordures, sauf si les enfants y ont facilement accès et ne cessent d'y prendre des objets — la frise ou la bordure serait vite endommagée.

Le thème de cette bordure dans une chambre d'enfant — le cirque — fait intervenir une gamme de couleurs attrayante et quelques images très animées qui se prêtent à d'autres applications, telles que la peinture au pochoir ou les découpages sur des meubles ou des tissus.

LE CHOIX DES COULEURS

Même les très jeunes enfants ont une préférence marquée pour certaines couleurs, et si celles-ci sont plutôt bizarres, vous pouvez toujours les utiliser pour décorer de petits meubles. Les couleurs vives remportent toujours un grand succès, mais évitez de créer un décor trop voyant. Il peut s'avérer extrêmement fatigant d'être entouré de couleurs primaires fortes, et la pièce est faite pour le sommeil aussi bien que pour le jeu. Les jaunes et les bleus vifs conviennent généralement bien, mais évitez une trop grande quantité de rouge drapeau. Outre que cette couleur est dure à l'œil, elle est également difficile à marier avec d'autres coloris. Les abricots doux et les verts légèrement atténués vont bien ensemble, en particulier s'ils sont égayés par des éléments de décoration attrayants.

Les dimensions de la fenêtre et la qualité de la lumière qui pénètre dans la pièce vous guideront aussi dans votre choix. Si vous choisissez une harmonie à base de jaune et de bleu pour une chambre qui reçoit une froide lumière du nord, assurez-vous que l'élément jaune domine.

Les motifs de la bordure de la page ci-contre ont été soigneusement découpés et collés sur la tête de lit en bois peint. Facile à réaliser, le découpage est une excellente façon de donner plus de vie, de couleur, voire même une touche d'humour, à une chambre d'enfant.

CHAMBRES D'ADOLESCENTS

Transformer une chambre d'enfant en chambre d'adolescent implique souvent un changement complet de décoration et de mobilier. Le mieux est de prévoir de grandes surfaces unies, car les posters et souvenirs prolifèrent souvent au point d'oblitérer tout le reste.

Remplacez les lits superposés par un lit à rideaux ou par un canapé-lit pour donner à la chambre un air plus sérieux — vos rejetons pourront ainsi inviter leurs amis le week-end.

LA DÉCORATION DES SOLS

Beaucoup de gens se contentent de décorer les murs et les meubles de leur intérieur, mais oublient le sol. C'est dommage, car celui-ci représente une surface importante, et le peindre peut avantageusement remplacer les tapis et moquettes.

Les sols en isorel sont les moins coûteux et, si vous les décorez de façon attrayante, ils peuvent faire autant d'effet qu'un tapis. Si vous avez des dalles de liège, vous pouvez les égayer en les peignant puis en les entourant d'une bordure au pochoir.

Il existe différentes techniques pour créer des effets intéressants sur les sols. Si vous avez la chance d'avoir des planchers de bois de bonne qualité, vous pouvez les traiter de diverses manières. Soit vous les décapez avant de les vernir ou de les polir, soit vous les cérusez, ce qui crée un effet plus décoloré que le ton naturel, légèrement orangé, du bois de pin — l'un des bois les plus couramment utilisés pour les planchers. La technique est très simple, à condition que les planchers aient été préalablement poncés et débarrassés de toute trace de cire. Vous pouvez simplement faire pénétrer la cire à céruser avec une fine laine d'acier, laisser sécher pendant vingt minutes, puis lustrer avec un chiffon. Cette technique donne les meilleurs résultats sur les bois à veine saillante tels que le pin ou le chêne, car la cire blanche à céruser s'incruste dans les rainures.

Vous pouvez combiner cette technique avec un badigeon (voir pages 54-56) pour obtenir une surface claire légèrement colorée. Dans ce cas, commencez par badigeonner le bois avant de le céruser. Un badigeon bleu ou vert clair suivi d'une couche de cire à céruser est du meilleur effet. Une alternative au badigeon est l'emploi de teintures introduites récemment dans le commerce et qui donnent au bois une délicate teinte pâle tout en laissant apparaître le grain.

Autre possibilité : peindre le plancher avec une épaisse peinture mate (voir Dépositaires et Fournisseurs pour les types de peinture possibles) avant de le vernir pour le protéger. Cela donne un fini plus agréable qu'une simple couche de peinture laquée. L'avantage de la peinture est qu'il n'est pas nécessaire de commencer par décaper le plancher, bien qu'il faille tout de même le frotter et l'apprêter.

Si, après avoir verni la peinture, vous cirez le vernis avec de la cire d'antiquaire à l'aide de laine d'acier puis lustrez avec un chiffon, vous obtiendrez un éclat doux qui évite le brillant trop dur du vernis sans lui ôter de son imperméabilité.

Suivant le degré d'usure, vous pouvez être amené à revernir le plancher au bout de deux ou trois ans).Une fois que vous avez ciré le plancher, vous êtes obligé de le cirer régulièrement plutôt que de le nettoyer à l'aide d'une éponge humide. La peinture, le vernis et la cire sont d'excellentes solutions pour les pièces où il n'y a pas trop de passage, telles que les chambres à coucher, les salles à manger ou les cabinets de travail.

Si vous voulez une surface plus décorée, vous pouvez peindre à main levée ou bien réaliser une bordure au pochoir, voire peindre un faux tapis ou de fausses mosaïques. La bordure est une solution séduisante pour les pièces dont le centre est occupé par un carré de moquette.

Le dessin de la bordure du plancher peint a été copié sur la frise et agrandi. On a découpé les gabarits dans du carton et on les a reportés au crayon sur le plancher, avant de peindre celui-ci avec de la peinture à émulsion (latex) puis de le recouvrir de plusieurs couches de vernis mat très résistant. Mesurer et reporter un motif comme celui-ci de façon qu'il corresponde exactement aux dimensions de la surface à décorer est la partie la plus compliquée de l'opération, aussi faut-il procéder avec le plus grand soin (pages 104-105).

Vous pouvez reprendre le thème d'un autre élément de décoration de la pièce, tel que le couvre-lit ou le motif du tapis. Dans la chambre d'enfant représentée ici, l'un des éléments du thème du cirque de la bordure de papier peint a été repris pour la bordure du plancher et du store, tandis qu'un autre motif — le clown — a été utilisé en découpage pour décorer la tête de lit et faire un mobile. Une autre astuce, si vous avez un joli couvre-lit, consiste à reprendre l'un des éléments du dessin de celui-ci et de le reporter ailleurs, par exemple pour réaliser une bordure au pochoir pour des rideaux ou pour décorer le dessus d'une corniche ou d'une plinthe.

COMMENT PEINDRE SUR UN PLANCHER

Si vous voulez réaliser une bordure ou un motif au pochoir pour un sol, vous devrez non seulement transférer le motif, mais également trouver le moyen de le faire tenir dans la surface prévue. Mesurez la surface du sol avec un ami à l'aide d'une pelote de ficelle. Reportez les mesures à l'échelle d'une feuille de papier graphique et marquez les coins et les angles irréguliers. Puis mesurez les dimensions du motif au pochoir que vous avez l'intention d'utiliser et cherchez le moyen de le faire tenir dans la surface voulue. Vous pouvez être amené à faire plusieurs essais pour éviter les raccords malheureux dans les coins de la pièce.

Avant de commencer à marquer le motif au pochoir, nettoyez le sol à fond, en ayant soin d'éliminer toute trace de cire à l'aide d'un décireur et de laine d'acier afin d'obtenir une surface à laquelle la peinture adhérera bien. Vous pouvez peindre directement sur les planchers, l'isorel, le linoléum et les dalles de liège, mais la surface doit être parfaitement dégraissée avant le début des opérations.

Une fois que vous avez décidé de la disposition du motif au pochoir, tracez les lignes directrices sur le sol avec une craie. Si vous réalisez une bordure au pochoir, assurez-vous que le centre de l'un des motifs correspond au milieu du mur principal. Pour un tapis au pochoir, ayez soin de bien centrer le tapis au milieu de la pièce et de bien centrer le motif sur le tapis.

Après avoir marqué les lignes directrices sur le sol et positionné le premier pochoir avec du ruban adhésif, vous pouvez commencer à peindre. Il existe différents types de peinture adaptés à cette technique, mais le mieux pour les grandes surfaces est une sous-couche ou peinture à l'huile mate ou encore l'une des nouvelles peintures à base d'acrylique. Il faudra ensuite les recouvrir de plusieurs couches de vernis afin de les protéger d'éventuelles éraflures. Les vernis modernes à base d'eau ne se décolorent pas et sont très résistants ; en outre, on peut rincer les pinceaux à l'eau. Par ailleurs, ces vernis sèchent rapidement, ce qui est important pour un plancher.

On a peint de larges rayures dans deux nuances différentes de jaune qui se marient bien. Les différentes techniques pour peindre des rayures sont exposées pages 130 et 131.

TECHNIQUES DE PEINTURE AU POCHOIR SUR LES SOLS

Nettoyez bien votre sol en ayant soin d'éliminer toute tache de graisse (voir page 26). Vous pouvez utiliser une peinture à émulsion (latex), à condition de la vernir ensuite. Ici, le motif du pochoir a été repris sur une frise et agrandi. Vous pouvez utiliser n'importe quel motif adapté à la pièce, mais il faut d'abord prendre vos mesures avec soin. Avant de peindre le motif, passez une couche de la couleur de base sur toute la surface du sol.

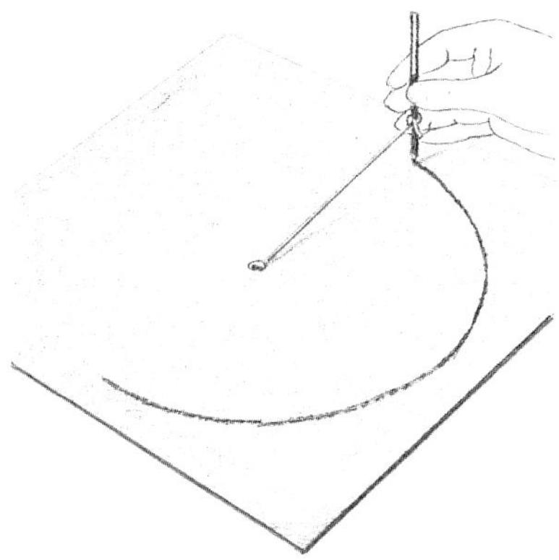

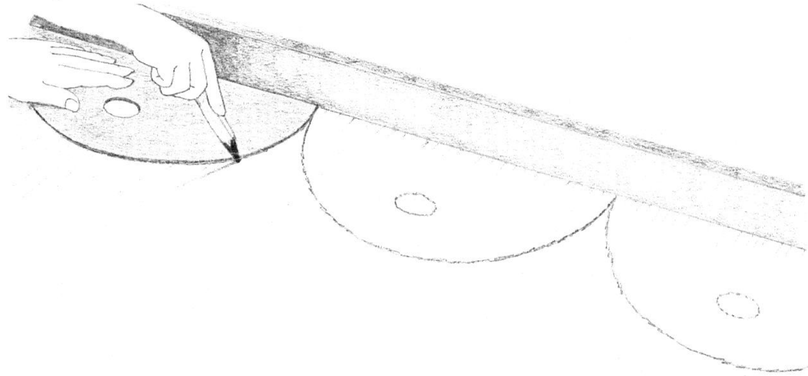

1 Fabriquez un gabarit pour le demi-cercle en commençant par tracer un grand cercle en vous servant d'une punaise fixée au centre et reliée à un crayon par un bout de ficelle de la longueur de la moitié du diamètre du cercle.

2 Coupez le cercle en deux et utilisez l'un des moitiés comme gabarit. Fixez celui-ci au sol et marquez-en les contours au crayon. Complétez le motif pour la bordure.

3 Peignez les parties évidées du gabarit. Ensuite, peignez la rayure après avoir masqué les motifs du gabarit avec du ruban cache comme cela est montré ci-dessous.

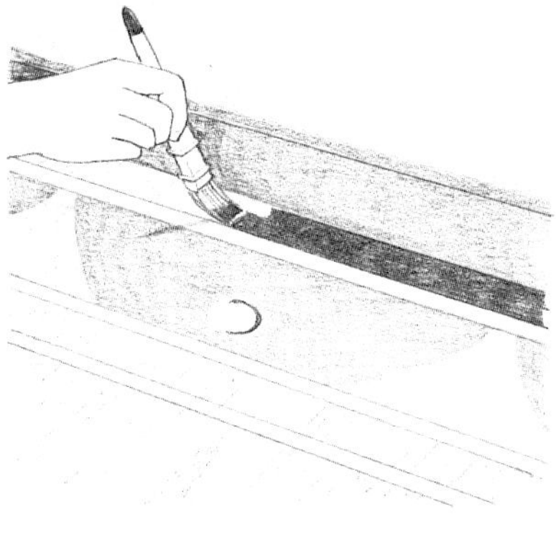

4 Une fois que vous avez terminé la bordure, mesurez la surface du sol pour déterminer la largeur des rayures au rouleau et collez du ruban cache tout au long de ces dernières afin d'obtenir des bords bien nets. Peignez entre les bandes de ruban cache. Laissez sécher, puis passez une couche de vernis pour rendre la peinture plus résistante.

COMMENT PEINDRE UN STORE ENROULEUR

Vous pouvez donner une nouvelle vie à un simple store enrouleur en le décorant avec un motif au pochoir ou en le peignant à main levée. Le tissu rigide utilisé pour les stores constitue un excellent support, et vous pouvez utiliser différentes sortes de peintures, y compris les peintures acryliques, les peintures à émulsion, la gouache et les crayons pour tissus. Le choix de la peinture dépend en grande partie de la dimension de la surface à couvrir, car les couleurs pour artistes coûtent beaucoup plus cher que les peintures ordinaires. L'intérêt de décorer ses propres stores est que l'on peut acheter un calicot bon marché et l'empeser et le peindre soi-même. Les stores blanc cassé connus sous le nom de toile écrue constituent un support idéal pour les motifs au pochoir ou au tampon.

Pour créer un simple motif de bordure, on applique les mêmes principes que pour créer une bordure de plancher. Il vous faut trouver le point central de la base du store et vous assurer qu'il coïncide avec le centre de votre motif à répétition.

Si vous ne voulez pas faire de bordure, vous pouvez peindre au pochoir, au tampon ou à main levée un motif qui couvre tout le store, en reprenant l'un des éléments de décoration de la pièce. Nous avons choisi une méthode qui puisse permettre à un enfant de vous aider en coloriant les dessins à l'aide de crayons pour tissus.

CI-CONTRE Il peut être amusant de faire participer les enfants à la décoration de leur propre pièce. Cette bordure peinte sur un simple store blanc a été réalisée avec des crayons feutres spécialement conçus pour peindre sur le tissu. Un adulte peut définir les contours du dessin — inspiré de la frise du papier peint —, et l'enfant peut ensuite colorier l'intérieur des contours.

COMMENT TRANSFÉRER UNE IMAGE SUR UN POCHOIR

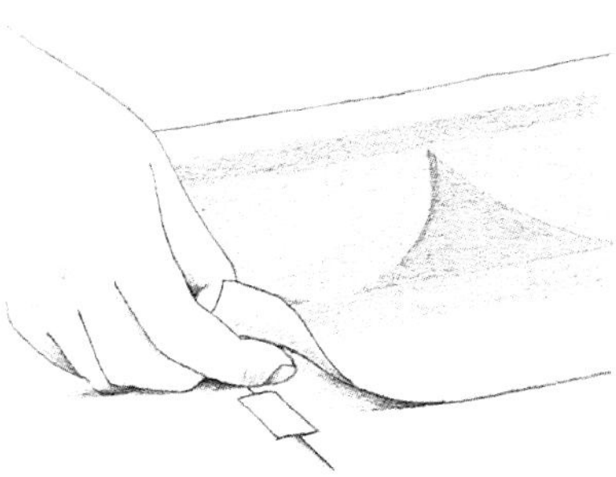

1 Prenez le motif que vous avez en tête, par exemple un motif de papier mural ou de rideau — et collez-le à plat sur une surface de travail. Si ce motif orne la surface d'un meuble, travaillez directement *in situ*. Posez une feuille de papier calque par-dessus le dessin et fixez-la à l'aide de ruban adhésif.

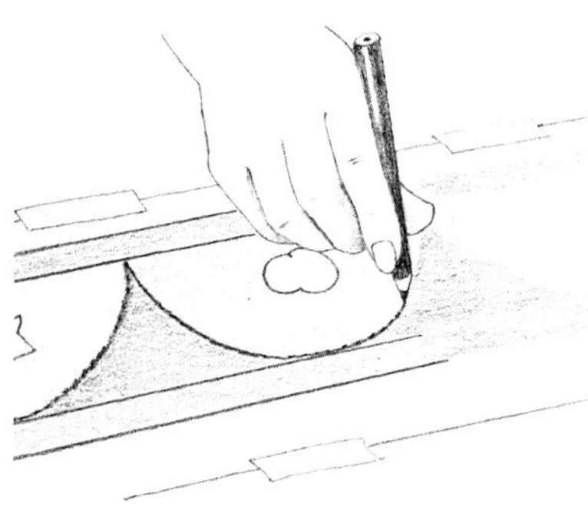

2 À l'aide d'un crayon doux, faites un trait autour du motif. Retirez le ruban adhésif, retournez le dessin que vous avez réalisé et posez-le sur un carton à pochoir.

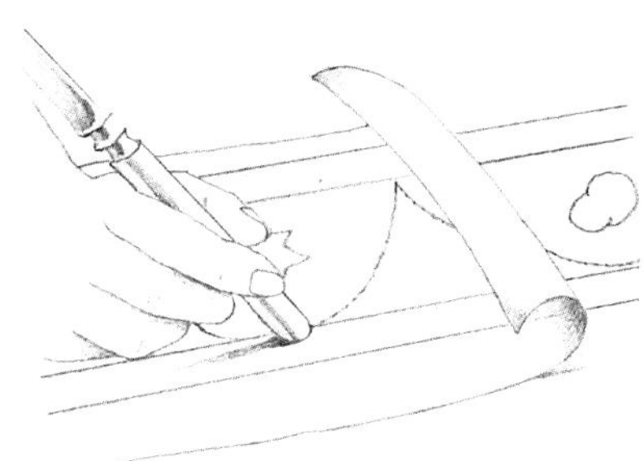

3 Frottez un objet dur, par exemple, un manche de couteau, par-dessus le trait de crayon, afin que celui-ci se décalque sur le support placé en dessous. Découpez le pochoir de la façon habituelle.

girls and little boys 1987
NUAL

G-EBLV
G-EBHX

À GAUCHE Cette harmonie chaude à base de bordeaux et de jaune sable destinée à une chambre de garçonnet fait appel à un papier à motifs pour donner de la chaleur et de l'originalité au décor. Elle forme un heureux contraste avec les rideaux à rayures de même couleur. La peinture est réchampie en rouge foncé. C'est un mélange éclectique de meubles traditionnels de bois sombre et clair.

CI-DESSUS Cette chambre de petite fille, claire et fraîche, est joliment décorée, mais sans trop de maniérisme. Le motif imprimé discret du papier peint et des rideaux donnent de l'intimité à la pièce, de même que les gravures encadrées de bois accrochées au-dessus de la tête de lit. L'élégant fer de lit peint en blanc ajoute un accent typiquement victorien.

CI-DESSUS Dans cette salle de bains d'enfant on a utilisé de façon imaginative une gamme de papiers peints coordonnée. Le hibou et le chat assis dans la barque vert pomme représentés sur la frise ont été découpés pour être reportés sur la bordure d'encadrement sculptée de la baignoire. Une autre solution, plus simple, aurait été de découper ces images et de les coller sur la bordure d'encadrement de la baignoire, puis de vernir le tout pour l'imperméabiliser.

CI-CONTRE Tout aussi créative, cette cheminée richement décorée avec un merveilleux mélange de motifs et de couleurs inspirés de l'architecture mauresque. On a ajouté une porte et une étagère à la cheminée pour en faire un placard. Les peintures décoratives de part et d'autre de ce placard l'ont transformé en château mauresque, ce qui est idéal pour jouer aux petits soldats et constitue un espace de rangement supplémentaire.

CHAPITRE 8

Les salles de bains

Il y a quelques centaines d'années, seuls les riches pouvaient s'offrir le luxe d'avoir une salle de bains — mais certains n'en voulaient même pas ! Chatsworth fut l'une des premières grandes maisons à être équipées d'une salle de bains, et les premières salles de bains avaient des canalisations extrêmement primitives — lorsqu'elles en avaient.

Les premières baignoires, de grands baquets de cuivre sur pied, étaient souvent partiellement dissimulées. Elles étaient placées dans une alcôve, entourées d'épais rideaux qui protégeaient les gens des regards indiscrets et des courants d'air. Parfois encore, la baignoire s'avançait dans la pièce, avec un baldaquin de mousseline dans les pays plus chauds ou d'épais velours dans les contrées plus froides.

Plus tard, dans les grandes maisons, la salle de bains fit partie d'une série de pièces incluant une garde-robes et des cabinets, ainsi qu'une pièce pour les domestiques chargés de remplir la baignoire avec l'eau chaude apportée de la chaudière de la cuisine dans de grosses cruches.

Du point de vue visuel du moins, nous avons amorcé un retour vers cette lointaine époque, installant la baignoire parfois au beau milieu de la pièce ou la faisant saillir à partir d'un mur au lieu de la coincer dans un angle pour économiser l'espace. La baignoire à baldaquin très répandue au XVIIIe siècle convient à des salles de bains de n'importe quelle taille et permet de créer des assortiments de tissus intéressants.

La décoration faussement simple de cette salle de bains rustique se caractérise par un joli papier peint orné de cartouches de roses en vieux rose avec des peintures aux coloris très doux. Un store en vichy, un sol en isorel peint façon bois et une baignoire chiquetée à l'éponge accentuent l'aspect rustique. Une moustiquaire tendue au-dessus de la baignoire donne une touche excentrique à l'ensemble.

CONCEVOIR LES PLANS DE SALLES DE BAINS

Les plans de la salle de bains doivent être conçus avec plus de soin que ceux des autres pièces de la maison, car l'espace en est limité et doit répondre à des fonctions spécifiques, avec un minimum de confort et de chaleur. L'aspect de la salle de bains constitue un élément de confort en soi, de même que l'espace attribué aux différentes installations fixes et la place qu'il reste pour utiliser ces dernières. Dans de nombreuses familles, tous les membres — y compris le chien — semblent se presser dans la salle de bains au même moment, ce que l'architecte n'avait évidemment pas prévu.

Les espaces de rangement de la salle de bains sont essentiels et doivent être organisés de façon que les portes de placard ne risquent pas de vous blesser à la tête lors que vous penchez au-dessus du lavabo. Il importe aussi que les différents flacons dont vous pouvez avoir besoin soient à portée de main, car personne n'aime sortir de sa baignoire juste pour attraper ses sels de bain.

Les revêtements muraux doivent être étanches, car la salle de bains est un endroit où il se produit beaucoup d'évaporation et de condensation. Il convient donc de mettre des carreaux là où les murs risquent d'être éclaboussés, par exemple autour de la baignoire, du lavabo ou de la douche, et de n'utiliser que des peintures ou des papiers peints imperméables, par exemple des revêtements vinyle, des papiers enduits de vinyle, ou encore des peintures à base d'huile ou d'acrylique.

Les installations fixes, même si elles sont vieilles, ne doivent pas nécessairement être supprimées. Il existe de nombreuses manières de rénover une vieille baignoire, et l'on peut peindre les placards avec un fini spécial imitant le marbre. Vous pouvez également « tirer » la peinture des placards ou la « peigner » de façon à obtenir des effets subtils.

Vous pouvez utiliser de l'isorel pour entourer la baignoire d'une large bordure que vous veinerez ensuite pour lui donner l'aspect de l'acajou. Quant aux sols, ils peuvent être peints, puis vernis, ce qui crée une ambiance plus chaude et plus intime que les froids carrelages de céramique.

Si votre salle de bains est petite, il faut en unifier la décoration afin qu'elle n'ait pas l'air encore plus exiguë. Il n'est pas indispensable d'encastrer les canalisations — on peut également les peindre de façon à en faire un élément architectural intéressant. L'échelle est particulièrement importante dans les espaces restreints, aussi éviterez-vous les gros motifs écrasants pour les murs. Faites en sorte qu'il n'y ait pas trop d'angles et de formes qui se disputent la suprématie.

Les fenêtres de salles de bains sont souvent négligées, en partie parce que dans de nombreuses demeures, elles sont faites en verre dépoli.

Un papier peint, de couleurs douces, peut réchauffer une salle de bains orientée au nord. Sans être froid, ce motif rose et blanc apporte une note de fraîcheur. Le dessin se détache bien du fond et ajoute une touche contemporaine à ce papier traditionnel.

TECHNIQUES DE PEINTURE À L'ÉPONGE

La peinture à l'éponge, qui donne des effets très faciles à maîtriser est d'une grande rapidité d'exécution. Il y a deux façons de s'y prendre. Soit vous passez un glacis par-dessus une couche de base (voir page 24) — peinture à émulsion (latex), acrylique, ou peinture à l'huile —, puis « dépouillez » la peinture à l'aide d'une éponge naturelle, créant un effet tacheté des plus agréables ; soit, toujours à l'aide d'une éponge naturelle, vous « chiquetez » le glacis sur la couche de base en tapotant légèrement. Dans les deux cas, vous obtiendrez des effets plus doux et plus subtils en utilisant une éponge humidifiée — avec de l'eau pour les peintures à émulsion (latex) et acryliques, white spirit ou essence de térébenthine pour les glacis à base d'huile.

Si vous voulez obtenir un effet plus riche, vous pouvez peindre à l'éponge deux couleurs au lieu d'une par-dessus la couche de base. Essayez par exemple un bleu et un vert moyens par-dessus du blanc, ou bien deux nuances de n'importe quelle couleur par-dessus du blanc.

Puisque vous cherchez à obtenir des effets subtils, il vaut mieux que le ton du glacis ne diffère pas trop de celui de la couche de fond. Mais de toute façon, une fois que vous avez terminé, la couleur obtenue sur le mur sera beaucoup plus pâle que celle du glacis en pot, surtout si vous utilisez des glacis à base d'huile. Un glacis légèrement plus foncé que la couche de fond donnera un effet translucide, tandis qu'un glacis plus clair que la couche de base donnera un effet plus opaque.

La plupart des professionnels recommandent d'utiliser un glacis à base d'huile, car il donne de meilleurs résultats. Il est effectivement plus facile d'utiliser la technique du dépouillé à l'éponge avec un glacis à base d'huile, car les peintures à émulsion et acryliques sèchent trop vite.

Lorsque vous peignez à l'éponge, efforcez-vous de maintenir une pression aussi légère et aussi égale que possible, et n'oubliez pas d'essorer ou de rincer votre éponge (dans de l'eau ou du dissolvant, suivant les cas) régulièrement, afin d'éviter une accumulation de couleur qui formerait des pâtés sur la surface.

Tout ce dont vous avez besoin pour peindre à l'éponge, c'est d'un plateau pour la peinture si vous « chiquetez », et d'une éponge naturelle pour l'une ou l'autre technique indifféremment (ou, si vous « dépouillez » la peinture, vous pouvez utiliser une éponge en cellulose qui vous permettra de créer un effet plus égal et plus subtil).

Si vous décidez de travailler avec deux couleurs, appliquez la première couche et laissez-la sécher avant de passer à la seconde. Lorsque vous chiquetez la seconde couleur, évitez les empreintes d'éponge déjà existantes. Une fois que la peinture est sèche, vernissez la surface avec du vernis polyuréthanne afin de l'imperméabiliser.

LE CHIQUETÉ À L'ÉPONGE

1 Appliquez la couche de fond — peinture à émulsion (latex) — en ayant soin de créer un fini régulier.

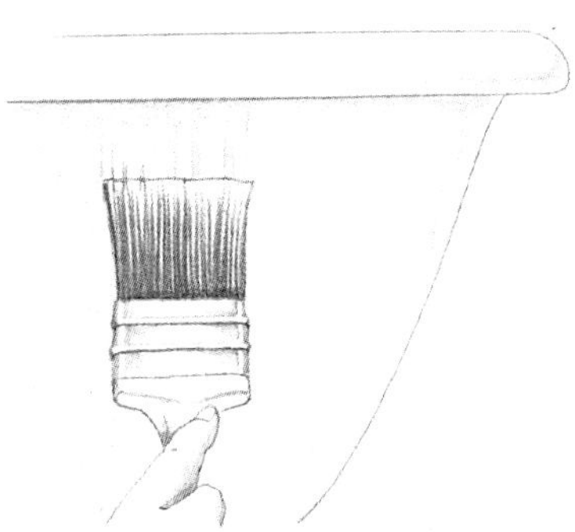

2 Préparez le glacis et versez-le dans un plateau. Mélangez toutes les couleurs souhaitées comme il convient (voir page 24).

3 Essorez l'éponge dans de l'eau pour un glacis à émulsion ou dans de l'essence de térébenthine ou du white spirit pour les glacis à base d'huile.

4 Trempez l'éponge dans la peinture et essuyez-la sur un chiffon, si nécessaire, afin d'ôter tout excédent de peinture. Tapotez légèrement l'éponge sur la surface à peindre.

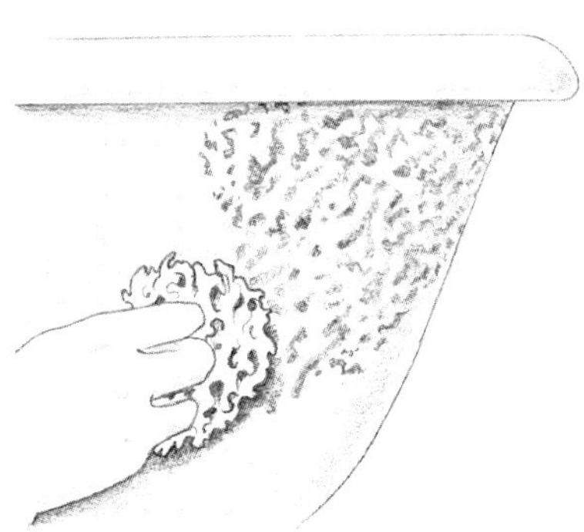

5 Essorez souvent l'éponge afin d'éviter une accumulation de pigment.

6 Quand vous atteignez les coins de la pièce, appliquez le glacis en couche assez épaisse et déchirez un petit bout d'éponge afin de pouvoir travailler sans difficulté dans les endroits difficilement accessibles, faute de quoi vous laisserez une marque peu esthétique.

7 Si vous chiquetez une deuxième couleur, attendez que la première couche soit sèche avant d'appliquer la seconde.

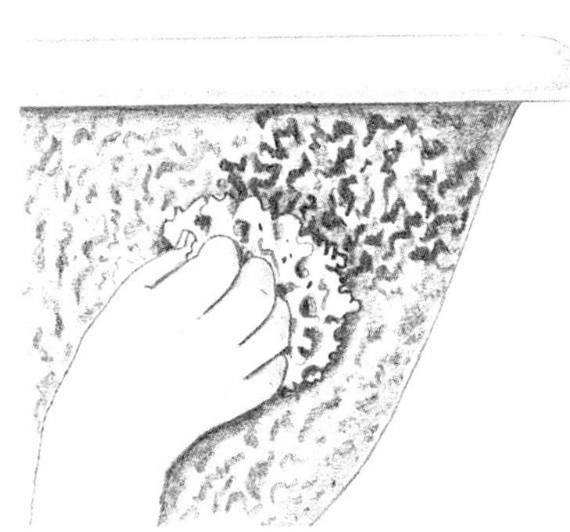

LE DÉPOUILLÉ À L'ÉPONGE

1 Appliquez la couche de fond (comme pour chiqueter). Si vous utilisez une peinture acrylique ou à émulsion qui sèche vite, travaillez par petites surfaces afin d'avoir toujours des bords humides pour les raccords.

2 Essorez l'éponge dans de l'eau ou du white spirit suivant les cas, et commencez à dépouiller le vernis en tapotant légèrement la surface.

3 Continuez ainsi jusqu'à ce que vous ayez dépouillé toute la surface, en travaillant par petits fragments et en rinçant régulièrement votre éponge.

Les flancs de cette vieille baignoire à pieds de griffon et aux rebords arrondis ont été peints à l'éponge à l'aide d'un glacis grège sur fond blanc. La base de la baignoire s'orne d'un motif en spirales rose qui fait écho au rose du papier mural.

VEINER

L'une des techniques décoratives les plus sophistiquées est celle qui consiste à veiner. Cette technique s'utilise depuis longtemps pour imiter les bois exotiques les plus coûteux, de l'acajou au noyer. Elle est particulièrement précieuse pour intégrer un nouveau meuble dans un ensemble plus ancien.

Les bois les plus faciles à imiter sont le pin, le chêne et l'érable — tous ces bois ont un grain distinctif. Vous pouvez être tenté d'imiter la couleur du vrai bois, mais vous pouvez également veiner votre meuble en bleu pâle ou en vert olive, de façon que la surface ressemble à du bois teinté.

La couche de fond sur laquelle vous appliquez le glacis est toujours plus claire. Une fois qu'elle est sèche, vous appliquez le glacis à l'aide d'une brosse et vous le travaillez de façon à créer l'effet de grain désiré. Il y a différentes façons de créer cet effet, mais la plus simple, pour les effets de type bois de chêne ou bois de pin est d'utiliser un peigne à décor ou boisette, un outil employé par les professionnels pour imiter les veines du bois et que vous tirez le long de la surface peinte encore humide. Chaque fois que vous vous interrompez, l'outil laisse une marque qui ressemble à un nœud dans le bois. Lorsque vous avez imprimé le motif de base, passez légèrement une brosse à poils souples pardessus la surface afin d'obtenir un effet plus subtil.

Si vous ne voulez pas vous donner la peine d'imiter le grain du bois, vous pouvez opter pour une solution plus simple — le peignage — qui laisse des

Cette salle d'eau a été décorée dans une délicate teinte grège et veinée grâce à la même technique que celle utilisée pour le sol. On a appliqué un mince glacis sur un sol plus clair avant de le veiner à l'aide d'une boisette.

À GAUCHE Boisette et glacis.

lignes verticales régulières sur le glacis, un peu comme lorsqu'on « tire » la peinture (voir pages 84-88), mais avec un résultat plus prononcé. La technique consistant à « peigner » une surface, tout comme celle qui consiste à la « tirer » ou à la veiner, se pratique sur un glacis humide passé par-dessus une couche de fond sèche.

Il existe différents outils permettant de « peigner » une surface, mais le plus couramment utilisé un gros peigne spécial en caoutchouc. Vous pouvez créer différents motifs — croisé, moiré, coquillage ou ondulations... La dimension et l'espacement des dents du peigne que vous choisirez détermineront le motif. Les peignes peuvent être faits en acier, en caoutchouc ou en plastique, mais vous pouvez également fabriquer votre propre outil avec du carton rigide imperméabilisé à l'aide de vernis.

TECHNIQUES DE VEINAGE

1 Nettoyez la surface à fond, en éliminant toute trace de graisse ou de cire, à l'aide d'un nettoyant approprié.

2 Appliquez une couche de peinture à fini coquille d'œuf claire, susceptible de s'harmoniser avec l'effet de bois que vous cherchez à imiter.

3 Une fois que la couche de base est complètement sèche, passez un mince glacis d'une nuance légèrement plus foncée que celle de la couche de fond.

4 Tirez fermement la boisette, en maintenant une pression égale et ferme, le long de la surface encore humide. Interrompez-vous chaque fois que vous voulez créer un effet de « nœud ».

5 Répétez l'opération en mouvements parallèles jusqu'à ce que vous ayez travaillé toute la surface ; décalez les effets de nœuds pour éviter qu'ils ne forment une ligne continue.

6 Une fois que le glacis est sec, vernissez à l'aide d'un vernis à base d'eau. Quand le vernis est sec, appliquez-en une seconde couche afin de rendre la surface parfaitement étanche.

LE PEIGNAGE

Le peignage est un effet décoratif relativement facile à créer et ne nécessite ni aptitudes ni outils particuliers, à part un peigne de caoutchouc ou de plastique que vous vous procurerez dans n'importe quel bon magasin de décoration. Sinon, vous pouvez fabriquer votre outil vous-même avec du carton très résistant.

Après avoir appliqué un glacis sur une couche de fond à fini coquille d'œuf sèche, on passe le peigne sur le glacis encore humide, créant une série de lignes régulières, un peu comme lorsqu'on « tire » la peinture, mais avec un effet plus prononcé. Le motif peut varier des simples lignes droites à un effet de vannerie (comme ci-dessous). En diversifiant la direction des marques, vous créerez un effet plus intéressant. Si vous « peignez » un sol, il vous faudra ensuite le vernir pour l'imperméabiliser.

TECHNIQUES DE PEIGNAGE

1 Passez une couche de fond à fini coquille d'œuf, puis brossez-la légèrement une fois qu'elle est sèche. Appliquez une couche de glacis.

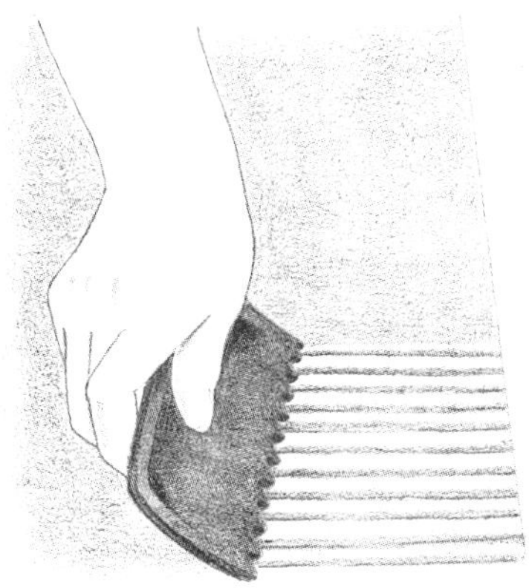

2 Pendant que le glacis est encore humide, peignez-le en ayant soin de tracer des lignes bien régulières.

3 Créez un motif de vannerie en traçant des lignes horizontales et verticales par carrés juxtaposés.

Pour une salle de bains, la traditionnelle décoration à base d'harmonies de bleu et de blanc donne un air de grâce et de fraîcheur. Ici, on a simplement utilisé une gamme coordonnée de papiers, de bordures et de carreaux bleus et blancs. Le motif de coquillages a été reporté sur la baignoire à l'aide d'un pochoir, et le plancher a été décapé, cérusé et ciré. On a utilisé les bordures pour encadrer les murs, à la fois verticalement et horizontalement. Les coquillages ramassés sur la plage et les faïences bleues et blanches complètent la décoration.

À GAUCHE Cette petite salle de bains pourvue d'un mini-escalier de bois évoque une cabine de bateau ou une cabine de plage. Le sobre papier peint à rayures, qui rappelle le tissu d'une chaise-longue, de même que les meubles de rotin, les tissus d'ameublement à motifs de coquillages et la bordure coordonnée contribuent à renforcer cette impression. L'ensemble de la décoration est unifié par une palette de couleurs limitée aux bleus, aux grèges et aux blancs.

CI-CONTRE Les murs aux plâtres rugueux et inégaux et les planchers cérusés ornés d'un petit motif à répétition et d'une bordure au pochoir aux couleurs de terre estompées sont en parfaite conformité avec l'aspect très ancien de ce cabinet de toilette, où même le lavabo ne paraît pas incongru. Les motifs au pochoir s'inspirent d'un tampon de bois provençal ; et la palette d'ocres et de gris gorge-de-pigeon évoque également la Provence.

CHAPITRE 9

Les entrées et les escaliers

Ces parties de la maison sont les plus difficiles à décorer et posent un véritable défi au décorateur. Le manque de lumière, les plafonds élevés et l'usure plus rapide que dans les autres pièces exigent des solutions adaptées. Si vous ajoutez à cela le fait qu'il y a peu de choses pour attirer l'attention, vous vous rendez compte que les difficultés sont nombreuses.

Votre première tâche consistera à évaluer les qualités et les défauts de l'architecture. Dans la plupart des cas, l'un des principaux problèmes réside dans la longueur du corridor, sombre et étroit ; il vous faut donc trouver une décoration qui donne une impression d'espace et de lumière. L'idéal, du fait que beaucoup de pièces donnent dans le corridor, est de parvenir à relier la décoration de celui-ci avec celle des autres pièces de la maison, soit en reprenant les harmonies de couleurs ou des motifs spécifiques, soit en utilisant les mêmes revêtements de sol, qu'il s'agisse de simples planchers, de tapis ou de moquette.

Si vous décidez d'utiliser des motifs pour les murs, il est recommandé soit d'introduire des effets de texture — par exemple, en employant un papier gaufré lavable très résistant ou bien un simple papier mural à ramages ou à treillages — ou d'opter pour une finition mouchetée, pour un subtil motif à rayures ou encore un motif géométrique au

Des rayures au rouleau marron sur un mur blanc, mises en valeur par une bordure au pochoir rouge et verte donnent à ce couloir un air rustique. L'effet de texture très doux des rayures est dû à l'emploi d'un rouleau qui crée des effets de peinture à l'éponge, fournissant une toile de fond appropriée pour les meubles rustiques anciens, les paniers, les corbeilles et les fleurs.

pochoir ou au tampon imprimé au hasard. Une surface lambrissée ou recouverte de papier gaufré (voir page 41) permettra de résoudre certains problèmes d'usure, car dans les couloirs et les cages d'escalier, les plâtres sont souvent endommagés à l'occasion des déménagements.

La cage d'escalier est particulièrement exposée, car les jeunes enfants ont tendance à s'appuyer sur les murs lorsqu'ils montent ou descendent, y laissant des marques de doigts. La pose d'un papier résistant et lavable sur la surface de lambris, ou au moins l'application d'une peinture laquée, vous éviteront beaucoup d'ennuis.

Si vous n'avez ni l'envie ni les moyens de mettre de la moquette dans l'escalier et dans le couloir — et ce sont de loin les endroits où elle s'use le plus vite, ce qui vous contraint à acheter la plus coûteuse —, optez plutôt pour des planchers nus. Si vous n'aimez pas les planchers tout simples, vous pouvez les orner d'une bordure au pochoir que vous répéterez le long de l'escalier.

Choisissez plutôt des motifs subtils en bleu foncé ou en vert olive ; vous pouvez également céruser les planchers pour leur donner un lustre clair, ce qui vieillit en outre de la manière séduisante votre motif au pochoir. Vous devrez vernir la surface pour la protéger. Cela veut dire que si vous optez pour le cérusage, vous devrez utiliser un produit ne contenant pas de cire au lieu de l'habituelle cire à céruser qui ne peut pas être vernie.

Rappelez-vous que le couloir est le premier endroit de la maison que les visiteurs découvrent en arrivant chez vous — et par conséquent sans doute celui qui laisse l'impression la plus durable. Un couloir sombre et défraîchi, même si le reste de la maison est joliment décoré, crée une atmosphère déprimante. La plupart des couloirs sont bordés de nombreuses portes, et une solution au problème est de trouver le moyen de faire de celles-ci un élément architectural intéressant, par exemple en réalisant une bordure au pochoir le long de l'architrave ou en leur donnant une finition attrayante, notamment en tirant la peinture, en la peignant ou en la mouchetant. Une cimaise vous permettra d'abaisser visuellement un plafond très haut, élargissant aussi le couloir.

Pour votre décoration, vous aurez souvent à ériger une plate-forme de travail stable avec des échelles et des planches pour atteindre les plafonds et les parties les plus élevées de la cage d'escalier.

CI-CONTRE Les rayures au rouleau couvrent la surface de lambris de la cage d'escalier et montent jusqu'à la cimaise dans le couloir. La bordure au pochoir est placée au-dessus de la moulure de lambris de l'escalier, mais au-dessous de la cimaise du couloir, ce qui crée un effet de miroir bien adapté aux proportions relatives des deux endroits. (L'addition d'une fine rayure brune horizontale relie entre les rayures au rouleau et la cimaise.) Étudiez attentivement les dimensions des murs afin de décider du positionnement des bordures sans craindre de varier les proportions, comme nous l'avons fait dans ce couloir et cette cage d'escalier.

LES COULOIRS

Les rayures sont l'un des motifs les plus séduisants qui soient. Toujours élégantes, elles peuvent s'utiliser de diverses manières : comme décoration d'ensemble ou en petites bandes ou bordures pour définir une surface, par exemple un encadrement de porte ou de fenêtre. Les rayures verticales ajouteront de la hauteur, les rayures horizontales la réduiront, et vous pouvez utiliser ce motif pour élever ou abaisser visuellement vos plafonds.

L'une des meilleures harmonies, pour les rayures, fait intervenir des combinaisons de couleurs inhabituelles : grège et parme, ou ocre jaune et ocre rouge. Évitez les contrastes trop forts — rouge foncé et blanc, vert foncé et blanc — car, si les rayures sont larges, ils seront lassants et rendront difficile toute autre forme de décoration. Vous aurez beaucoup de mal à les associer à d'autres motifs et couleurs, et ils risquent d'écraser la pièce.

Vous pouvez choisir de larges rayures simples et égales, que vous peindrez vite et aisément à l'aide d'un rouleau ; ou bien vous pouvez opter pour un effet plus conventionnel, en mesurant vos rayures avec soin et en appliquant la peinture entre les bandes de ruban cache, vous servant de ruban d'architecte pour contrôler vos verticales ou vos horizontales. Avec cette technique, vous ne serez pas contraint de vous en tenir à des rayures à espacement régulier, mais vous pourrez diversifier leur largeur et leur couleur. Prenez garde, cependant : cela prendra beaucoup plus de temps que les rayures au rouleau, relativement simples et rapides à exécuter.

La texture mouchetée des rayures au rouleau est due à l'emploi d'une peinture non diluée assez épaisse et d'un rouleau peu chargé.

CRÉER DES RAYURES AU ROULEAU

On obtient les meilleurs effets en utilisant une peinture à émulsion (latex) et un rouleau plus étroit que les rouleaux classiques. Pour les rayures de ce couloir, on a utilisé un rouleau de 23 cm de large. Si vous n'en trouvez pas de plus étroit dans le commerce, coupez un rouleau ordinaire aux dimensions souhaitées.

La peinture doit être assez épaisse et doit être appliquée en une seule fois sur le mur. En d'autres termes, ne faites pas de mouvement de va-et-vient avec votre rouleau, mais travaillez de haut en bas en un mouvement continu.

Utilisez deux couleurs différentes, par exemple du bleu pâle et un brun tabac doux, en laissant un espace égal à la largeur de votre rouleau entre chaque rayure. Peignez ensuite la seconde couleur entre les premières rayures. Les couleurs se chevaucheront légèrement par endroit, là où votre ligne s'écartera de la verticale, mais le but de ce genre de motif est l'effet plutôt que la perfection. Si vous aspirez à la perfection, utilisez du ruban cache pour séparer les bandes.

La seule vraie difficulté consiste à accéder aux coins et à trouver une solution lorsque les murs buttent contre une autre surface à angle droit. La solution la plus simple, si vous ne voulez pas peindre ces surfaces avec une brosse, est de renoncer aux rayures à cet endroit et d'ajouter une bordure décorative.

Ici, pour parachever l'effet, on a ajouté aux rayures au rouleau une simple bordure colorée de 2,5 cm, puis on a peint une bordure au pochoir au-dessus de la surface rayée ainsi qu'au-dessus de la moulure de lambris des escaliers.

COMMENT PEINDRE DES RAYURES AU ROULEAU

1 Verser la peinture — de préférence une peinture à émulsion qui ne coule pas — dans un plateau à rouleau et chargez le rouleau, mais sans excès (voir Peinture au rouleau, étape 2).

2 En commençant par le haut de la surface à peindre, faites glisser le rouleau vers le bas en un seul mouvement ininterrompu afin d'obtenir un effet de texture.

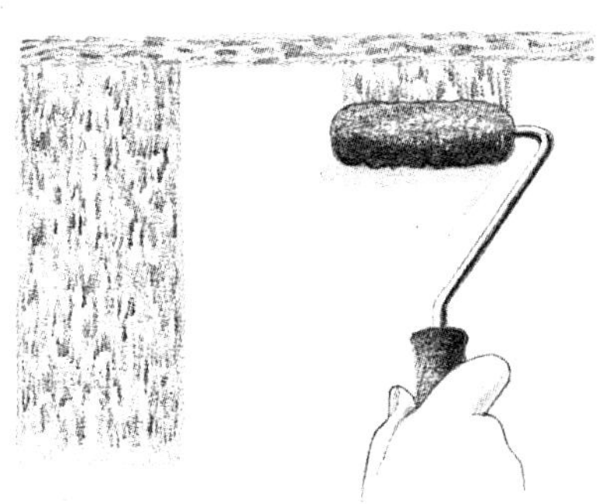

3 Pour obtenir des bords bien nets en haut des rayures, masquez une bordure de 2,5 cm avec du ruban d'architecte avant de commencer à peindre.

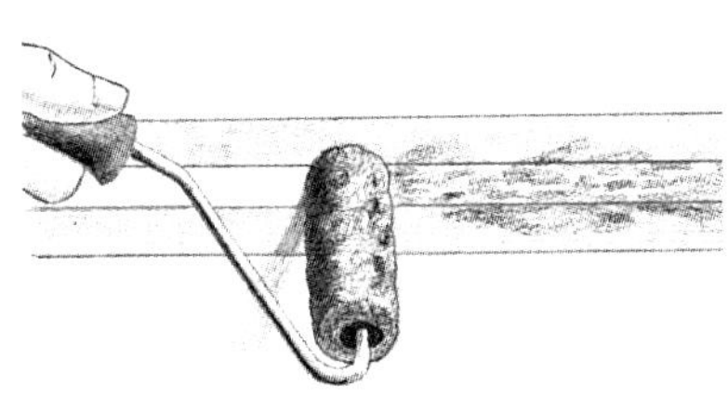

PEINDRE UNE BORDURE AU POCHOIR

La peinture au pochoir est l'une des techniques de décoration les plus utiles qui soient, car elle permet de créer des motifs intéressants partout où on le juge nécessaire — autour des portes et des fenêtres, sur les panneaux de volets, sur un paravent ou sur des portes, sur des murs ou des meubles, et même sur du tissu.

Inventée par les Chinois aux alentours de 3 000 av. J.-C., la peinture au pochoir a été introduite en Europe au VIe siècle. Devenue très populaire, elle était largement employée en Grande-Bretagne au Moyen Âge, en particulier pour les murs d'églises. Dès l'époque des Tudors, on décorait ainsi les murs des grands manoirs, et la technique était encore plus répandue au XVIIIe siècle. Au XIXe siècle, cependant, elle fut à nouveau réservée aux églises, jusqu'à ce que les mouvements de Arts and Crafts, Gothic Revival (néo-gothique) la remettent à la mode. Le papier peint était encore coûteux, et la peinture au pochoir permettait de créer des motifs à répétition sur les murs de façon à donner l'impression que ceux-ci étaient tapissés. En fait, les premiers papiers peints étaient décorés avec des pochoirs et des tampons.

La popularité de la peinture au pochoir ne se limitait pas aux îles britanniques, et les premiers colons d'Amérique en faisaient grand usage pour décorer leurs fermes. Les motifs tendaient à représenter la vie quotidienne — paniers de pommes, bouquets de fleurs — et servaient à décorer les meubles, les planchers, les portes et même le linge de lit. On décorait des pièces entières au pochoir.

Le secret de cette technique ne consiste pas seulement à choisir un motif approprié, mais aussi à s'assurer que les couleurs ne sont pas trop voyantes. Les peintures au pochoir sont beaucoup plus jolies lorsque les couleurs sont douces et appliquées de façon légèrement inégale. Le charme de cette technique tient surtout à l'irrégularité des motifs. Si le motif que vous avez créé vous semble trop voyant, vous pouvez toujours le vieillir en le frottant, une fois qu'il est sec, à l'aide d'une laine d'acier très fine ou en le recouvrant avec un léger badigeon de peinture à émulsion (latex) diluée — soit blanc, soit blanc cassé — ou un vernis mat teinté pour assourdir la couleur.

Un autre facteur important est de s'assurer que les proportions du motif au pochoir ont l'air justes. Cela peut être difficile à estimer, mais un contour trop étroit et trop fin ou positionné trop haut sur le mur peut tout gâcher.

La solution est de prendre votre pochoir et de colorier quelques motifs sur un papier avec des crayons de couleurs ou des gouaches, puis de découper ces motifs et de les fixer au mur à la place choisie. De cette façon, vous pouvez tester à la fois la couleur et l'échelle pour voir si l'effet est réussi. Si le motif est trop petit, vous pouvez l'agrandir en faisant une photocopie agrandie et en découpant un autre pochoir (voir page 134).

Assurez-vous que les couleurs choisies conviennent à votre motif. Les motifs traditionnels utilisés en Amérique aux premiers temps de la colonisation étaient généralement peints en couleurs naturelles douces tirés des pigments locaux — des terres, des ocres rouges, des bleus et des verts pâles. Des couleurs vives auraient été totalement déplacées.

Les bordures au pochoir peuvent permettre de faire ressortir des éléments d'architecture ou de compenser leur absence. Examinez attentivement la pièce pour en analyser les formes et les lignes. Les fenêtres à deux battants, les alcôves, les murs inclinés peuvent être mis en valeur par des motifs au pochoir, de même que des bordures au pochoir peintes au niveau d'une cimaise ou d'une moulure de lambris peuvent compenser l'absence de celles-ci afin de briser un espace monotone.

En d'autres termes, la peinture au pochoir est un travail difficile, en particulier si vous créez une bordure près d'un plafond, ce qui vous oblige à lever les bras au-dessus de la tête. Il est beaucoup plus aisé de réaliser un motif au pochoir au niveau d'un lambris.

Si vous envisagez d'utiliser une grande quantité de motifs, assurez-vous qu'ils s'accordent avec le reste de la pièce. Trop d'éléments décoratifs rivalisant entre eux s'annulent les uns les autres.

Les motifs au pochoir sur les surfaces exposées à une usure plus rapide doivent être protégés par une couche de vernis, par exemple un vernis polyuréthanne mat invisible qui ne jaunit pas avec le temps.

La bordure au pochoir au-dessus de la moulure de lambris illustre la façon dont les deux couleurs ont été utilisées — un rouge foncé forme la partie centrale du motif, tandis que les bords sont en vert clair. La juxtaposition de ces deux couleurs à côté du brun ajoute de la profondeur et de l'intérêt.

COMMENT PEINDRE AU POCHOIR

Les artistes se servent du pochoir de différentes façons, et la peinture au pochoir peut faire appel à différents médiums. Lyn le Grice, l'une des spécialistes du pochoir les plus connues, préfère utiliser des peintures en aérosol pour voitures, ce qui donne une finition délicatement mouchetée d'aspect très professionnel. Si vous êtes prêt à supporter l'odeur que dégage ce type de peinture et le fait que la surface entourant le pochoir doit être soigneusement protégée, utilisez en effet une peinture en aérosol.

Cependant, si vous préférez un médium qui pose moins de problèmes, la peinture pour pochoir (qui sèche vite et ainsi ne s'infiltre pas sous la fenêtre) est idéale, de même que les crayons pour pochoir que l'on trouve dans le commerce.

Pour copier l'un des motifs de votre décor, vous pouvez préférer découper votre propre pochoir plutôt que d'en acheter un tout fait, bien que certains modèles prêts à l'emploi soient très jolis.

Cependant, si vous souhaitez reprendre le motif d'un papier peint ou d'une étoffe, par exemple, calquez-le. Retournez le calque et passez un crayon gras sur l'envers du motif. Puis retournez-le à nouveau, posez-le sur le support du pochoir et frottez une pièce sur le motif afin de le décalquer. Une fois

L'attention portée aux détails est la clef de la réussite pour tout projet de décoration. Ici, les faïences exposées font écho à la gamme de couleurs et au style des effets de peinture. Vous pouvez utilisez une collection de faïences pour déterminer un effet de peinture ou une harmonie de couleurs, ou vous pouvez travailler dans le sens inverse, et chercher les faïences, verres ou autres bibelots susceptibles de s'harmoniser avec le décor que vous avez en tête. Une collection de céramique chinoise de type « bleu blanc » ira bien avec des rayures bleues et blanches, tandis que les coquillages, les bois flottés et les récipients de bois pourraient se conjuguer avec des rayures aux teintes naturelles — ivoire et crème —, avec quelques impressions simples pour ajouter une touche de couleur. Les rayures de couleur vive se marieront bien avec une collection d'objets en verre coloré.

que le motif a été transféré, découpez-en les contours avec soin en utilisant un instrument très pointu, comme un cutter.

Pour que votre pochoir soit solide, il faut qu'il y ait beaucoup de « ponts » entre les parties évidées du motif. Si ce n'est pas le cas, le pochoir se déformera ou se déchirera à l'usage, et c'est pourquoi les dessins sont généralement assez simples. Si vous voulez réaliser une bordure, coupez de petits repères à chaque coin du support afin de pouvoir l'aligner correctement pour créer un motif à répétition. Assurez-vous qu'il y a suffisamment de carton autour du motif pour éviter de peindre accidentellement le mur ou le meuble qui se trouve au-dessous.

PRÉPARATION ET PEINTURE

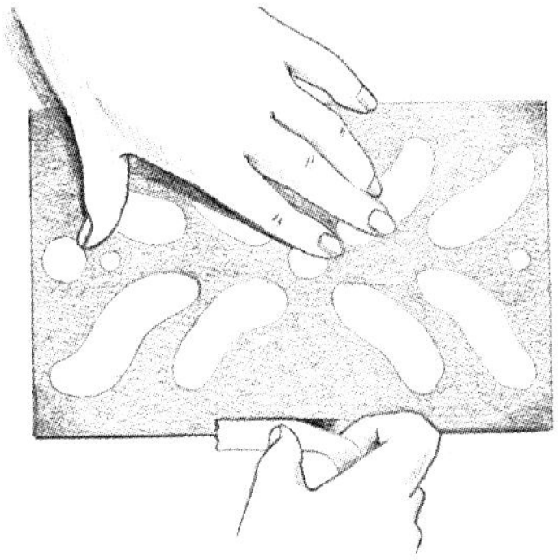

1 Assurez-vous que la surface que vous désirez décorer est propre et sèche. Placez le pochoir où vous le souhaitez, soit en utilisant du ruban cache pour le maintenir en position, soit en alignant les repères (de petites entailles faites sur les bords du support), après avoir vérifié qu'il est droit à l'aide d'un té.

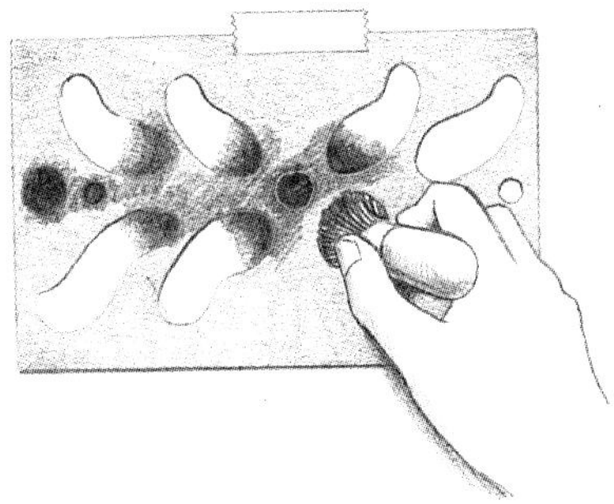

2 Trempez le pochon dans la couleur choisie et frottez-le rapidement sur une feuille de papier pour répartir la peinture de façon égale dans la brosse. Puis passez le pochon sur le pochoir, en tapotant légèrement, jusqu'à ce que toutes les parties évidées soient colorées.

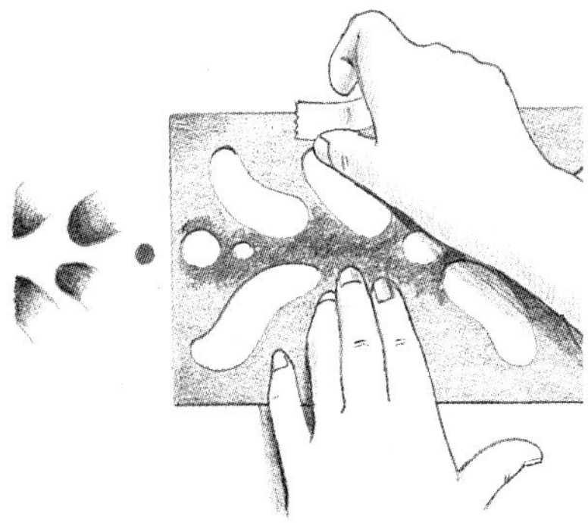

3 Laissez sécher pendant quelques secondes, puis ôtez le ruban adhésif. Déplacez le pochoir le long de la bordure, en alignant soigneusement les repères pour vous assurer que le motif est complet.

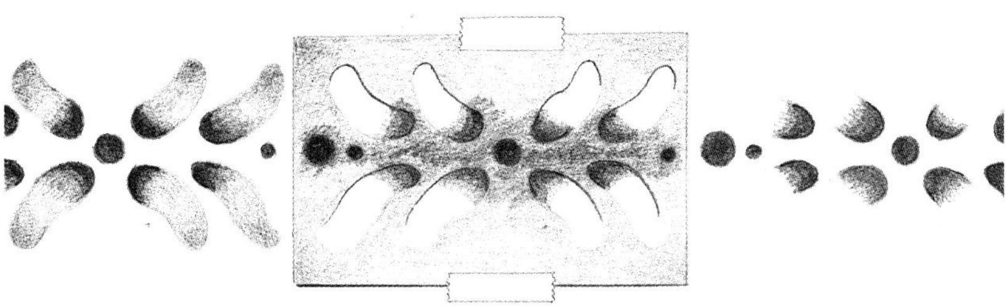

4 Si vous utilisez plus d'une couleur, appliquez la première sur toute la bordure et laissez sécher avant d'ajouter la couleur suivante.

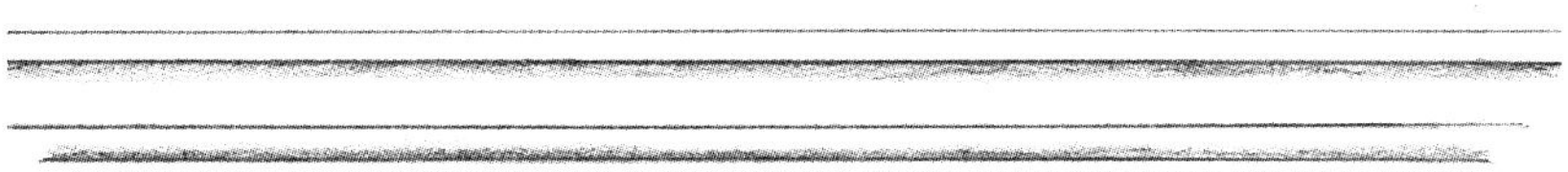

5 Une fois que toute la surface peinte est sèche, vous pouvez la vernir, si vous le souhaitez, avec une couche de vernis polyuréthanne transparent.

À GAUCHE Une harmonie de bordeaux et de jaune sable avec des meubles de bois sombres est idéale pour une maison attenante aux maisons voisines de style victorien ou édouardien, où sa chaleur permettra de rendre les parties communes de la maison plus accueillantes.

À GAUCHE Lorsque l'on utilise une couleur forte, comme dans ce couloir vert jade, il vaut mieux faire en sorte que les détails restent simples, afin que la couleur des surfaces peintes reste le centre d'intérêt.

CI-CONTRE Ce beau couloir peint en grège et blanc constitue une toile de fond raffinée pour la large cage d'escalier à l'élégante rampe en fer forgé. Les contrastes de couleurs fortes de la tapisserie et de la nappe ajoutent à l'intérêt visuel de l'ensemble.

DÉPOSITAIRES ET FOURNISSEURS

ROYAUME-UNI

J.W. Bollom
13 Theobald's Road
Londres WCIX 8FN
0171-242 0313
Matériel de peinture
314 Old Brompton Road
Londres SW5 9JH
(Salle d'exposition)

C. Brewers
327 Putney Bridge Road
Londres SW15 2PG
0181-788 9335
Matériel de peinture
Diverses succursales
dans le sud-est de l'Angleterre

Brodie et Middleton Ltd
68 Drury Lane
Londres WC2B 5SP
0171-836 3289
Pigments et peintures

Cornelissen and Son Ltd
105 Great Russell Street
Londres WC1B 3RY
0171-636 1045
Pigments et brosses

Craig & Rose plc
172 Leith Walk
Édimbourg EH6 5ER
0131-554 1131
Glacis, brosses de spécialistes
Dépositaires dans tout le pays

Daler-Rowney Limited
PO Box 10
Southern Industrial Estate
Bracknell
Berkshire
RG12 8ST
01344-424621
Matériel d'artistes

The Dover Bookshop
18 Earlham Street
Londres WC2H 9LN
0171-836 2111
Livres spécialisés sur les
bordures à découper

The English Stamp Company
Sunnydown
Worth Matravers
Dorest BH19 3JP
01929-439117

Farrow & Ball
Uddens Trading Estate
Wimbourne
Dorest BH21 7NL
01202-876141
Gamme de peintures
historiques du national Trust

Foxell & James Ltd
57 Farrington Road
Londres EC1M 3JH
0171-405 0152
Vernis, apprêts, peintures,
glacis, finitions pour sols, colle
en peau de lapin, blanc
d'Espagne, poudres de métal

Green & Stone
259 Kings Road
Londres SW3 5EL
0171-352 0837
Matériel d'artistes

W. Habberley Meadows Ltd
5 Saxon Way
Chelmsley Wood
Birmingham B37 5AY
0121-770 2905
Peintures et pinceaux
d'artistes, matériel de dorure

Hawkin & Co
Saint Margaret
Harlestone
Norfolk 1PP20 0PJ
01986-782 536
Commande par
correspondance de matériel de
découpage

J.T. Keep & Co
13 Theobalds Road
Londres WC1X 8SN
0171-242 7578
Fournisseurs de matériel de
décoration

Lyn Le Grice Stencil Design Ltd
The Stencil House
53 Chapel Street
Penzane
Cornouailles TR18 4AS
01736-64193
Livres sur la peinture au
pochoir, matériel et kits de
pochoirs

E. Milner Oxford Ltd
Clanville Road
Cowley
Oxford OX4 2DB
01865-718171
Matériel de peinture

John Myland
80 Norwood High Street
Londres SE27 9NW
0181-670 9161
Brosses et matériel d'artistes

Paint Magic
116 Sheen Road
Richmond
TW9 1UR
0181-940 5503
Kits pour effets de peinture,
badigeons, glacis, fournitures
pour pochoirs

The Paint Service Co. Ltd
19 Eccleston Street
Londres SW1W 9LX
0171-730 6408

Pavilion Stencils
6a Howe Street
Édimbourg EH3 6TD
0131-225 3590
Fournitures pour pochoirs

E. Ploton Ltd
273 Archway Road
Londres N6 5AA
0181-348 0315
Poudres de métal, matériel de
dorure

Potmolen Paint
27 Woodcock Industrial Estate
Warminster
Wiltshire BA12 9DX
01985-213960
Peintures et finitions pour
bâtiments anciens

J.H. Ratcliffe & Co. (Paints) Ltd
135a Linaker Street
Southport PR8 5DF
01704-537999
Glacis transparent à
l'huile

The Shaker Shop
25 Harcourt Street
Londres WIH 1DT
0171-724 7672
Peinture au babeurre Old
Village

Stuart R. Stevenson
68 Clerkenvell Road
Londres EC1M 5QA
0171-253 1693
Matériel de dorure

ÉTATS-UNIS

Decorating Centers
1555 Third Avenue
New York
NY 10028
(212) 289-6300

2475 Broadway
New York
NY 10025
(212) 769-1440

Sam Flax
12 West 20th Street
New York
NY 10011
(212) 620-3038
425 Park Avenue
New York
NY 10022
(212) 620-3060

Liberty Paint Co.
969 Columbia Street
Hudson
NY 12534
(518) 828-4060

Pearl Paint Co.
308 Canal Street
New York
NY 10013
(212) 431-7932

Wolf Paper and Paint
Janovic Plaza
771 Ninth Avenue
New York
NY 10019
(212) 245-3241

Janovic Plaza
1150 Third Avenue
New York
NY 10022
(212) 772-1400

FRANCE
Paris
94 rue de Rennes
1 45 48 43 89
95 avenue Raymond Poincaré
1 45 01 24 73
261 rue Saint-Honoré 1 42 86 84 13
Galeries Lafayette, 40 boulevard Haussmann (Prêt-à-porter) 1 42 82 34 56, (Décoration) 1 42 82 04 11
Au Printemps
Printemps de la Mode, 64 boulevard Haussmann 1 42 82 52 10
Printemps de la Maison 1 42 82 44 20 (Décoration)
Centre Commercial Parly
Niveau 1, (Décoration), 1 39 54 22 44
Niveau 2 (Prêt-à-porter), 1 39 54 22 44
Centre Commercial Vélizy
Niveau 2, (Prêt-à-porter), 1 30 70 87 66
Niveau 3, (Décoration), 1 30 70 87 66
Toulon 94 21 89 58
Aix-en-Provence 42 27 31 92
Bordeaux 56 44 10 30
Clermont-Ferrand 73 31 22 05
Dijon 80 30 04 44
Gonesse 48 63 25 87
Lille 20 06 90 06
Lyon 78 37 18 19
Nancy 83 35 21 09
Nantes 40 73 17 18
Nice 93 16 06 93
Rouen 35 70 20 02
Strasbourg 88 75 18 90
Toulouse 61 21 38 85
Nancy 83 35 21 09
Nantes 40 73 17 18
Nice 93 16 06 93
Rouen 35 70 20 02
Strasbourg 88 75 18 90
Toulouse 61 21 38 85

AUTRES PAYS D'EUROPE

ALLEMAGNE
Aix-la-Chapelle 0241 30316
Augsbourg 0821 154021
Berlin 030 2183016
Berlin (ameublement) 030 8826201
Berlin (habillement) 030 8824934
Bielefeld 0521 177188
Bonn 0228 654908/653930
Brême 0421 170443
Cologne 0221 2580470
Dortmund 0231 141000
Düsseldorf 0211 327000
Francfort 069 288791
Hambourg 040 371173
Hanovre 0511 326919
Karlsruhe 0721 25968
Munich 089 2608224
Münster 0251 42272
Nuremberg 0911 245181
Stuttgart 0711 2261064
Wiesbaden 0611 302086

AUTRICHE
Graz 0316 844398/844397
Innsbrück 0512 579254/579257
Linz 070 797700
Salzbourg 0662 840344
Vienne 01 5129312

BELGIQUE
Anvers 03 2343461
Bruxelles (ameublement) 02 5120447
Bruxelles (habillement) 02 5128639
Gand 092 240819

ESPAGNE
Barcelone 341 25490

ITALIE
Milan 2 86463532

LUXEMBOURG
Luxembourg 221 320

PAYS-BAS
Amsterdam 020 6228087
Arnhem 085 430250
Eindhoven 040 435022
Groningen 031 50185060
La Haye 070 3600540
Maastricht 043 250972
Rotterdam 010 4148535
Utrecht 030 313051

ROYAUME-UNI
BOUTIQUES LONDONIENNES
Brent Cross (habillement) 0181 202 2679
Chelsea 0171 823 7550
Covent Garden 0171 240 1997
Ealing 0181 579 5197
Kensington 0171 938 3751
Knightsbridge (habillement) 0171 823 9700
Knightsbridge (ameublement) 0171 235 9797
Marble Arch 0171 355 1363
Oxford Circus 0171 437 9760

BOUTIQUES DANS LE RESTE DU PAYS
Aberdeen 01224 625787
Aylesbury 01296 84574
Banbury 01295 271295
Barnet 0181 449 9866
Bath 01225 460341
Bedford 01234 211416
Belfast 01232 233313
Beverley 01482V872444
Birmingham 0121 631 2842
Bishops Stortford 01279 655613
Bournemouth (vêtements) 01202 293764
Brighton 01273 205304
Bristol, Broadmead 0117 9221011
Bristol, Clifton 0117 9277468
Bromley 0181 290 6620
Bury St Edmunds 01284 755658
Cambridge 01223 351378
Canterbury 01227 450961
Cardiff 01222 340808
Carlisle 01228 48810
Chelmsford 01245 359602
Cheltenham 01242 580770
Chester (ameublement) 01224 316403
Chester (habillement), 01244 313964
Chichester 01243 775255
Colchester 01206 562692
Derby 01332 361642
Dudley 01384 799730
Eastbourne 01323 411955
Édimbourg (ameublement) 0131 225 1121
Édimbourg (habillement) 01431 225 1212
Epsom 01372 739595
Exeter 01392 53949
Farnham 01252 712812
Gateshead 0191 493 2411
Glasgow 0141 226 5040
Guilford 01483 34152
Harrogate 01423 526799
Heathrow 0181 759 1951
Hereford 01432 272446
High Wycombe 01494 442394
Hitchin 01462 420445
Horsham 01403 259052
Ipswich 01473 216828
Ipswich 01473 721124
Isle of Man 01624 801213
Jersey 01534 608084
Kings Lynn 01553 768881
Kingston 0181 549 0055
Leamington Spa 01926 314584
Leeds 0113 2450622
Leicester 0116 2513165
Lincoln 01522 511611
Llanidloes 01686 412557
Maidstone 01622 750138
Manchester 0161 834 7335
Middlesbrough 01642 226034
Milton Keynes 01908 660190
Newcastle-Under-Lyme 01782 662014
Newport I.O.W. 01983 821806
Northhampton (habillement) 01604 23 1975
Norwich 01603 632958
Nottingham 0115 9503366
Oxford 01865 791 689
Perth 01738 623141
Peterborough 01733 311766
Plymouth 01752 268344
Preston 01772 202425
Reading 01734 5943 13
Richmond 0181 940 9556
Salisbury 01722 338383
Sheffield 0114 2701855
Sheffield Meadowhall 01742 568221
Shrewsbury 01743 351467
Skipton 01756 700301
Solihull 0121 704 4344
Southampton 01703 228944
Southport 01704 546214
St Albans 01727 864611
Stockport 0161 474 7927
Stratford-Upon-Avon 01789 298852
Sutton 0181 643 9790
Sutton Coldfield 0121 355 3671
Swindon 01793 641727
Taunton 01823 288202
Tenterden 01580 765188
Torquay 01803 291443
Truro 01872 223019
Tunbridge Wells 01892 534431
Watford 01923 254411
Wilmslow 01625 535331
Winchester 01962 855716
Windsor (ameublement) 01753 831456
Windsor (habillement) 01753 8554345
Wolverhampton 01902 27293
Worcester 01905 20177
Worthing 01903 205160
Yeovil 01935 79863
York 01904 627707

RÉPUBLIQUE D'IRLANDE BOUTIQUES
Cork 00 35 32 127 4070
Dublin 00 35 31 679 5433
Basildon 01268 584088
Basingtoke 01256 469510
Bath 01225 339293
Blackhead 0181 856 9767
Bradford 01274 611929
Branksome 01202 768311
Brentford 0181 847 2214
Camberley 01276 686227
Cardiff 01222 499675
Catford 0181 461 0606
Chelmsford 01245 257257
Chichester 01243 533373
Colchester 01206 869187
Coventry 01203 715901
Crawley 01293 538351
Crayford 01322 558614
Croydon 0181 684 8250
Derby 01332 291260
Enfield 0181 366 2236
Gloucester 01452 526806
Guildford 01483 304115
Harlow 01279 413355
Hartfield 01707 275837
Hendon 0181 200 7737
Hull 01482 572434
Ilford 0181 590 0212
Ipswich 01473 721124
Kensington 0171 603 2285
Kingston 0181 949 7861
Leeds 01132 685010
Leicester 01162 546075
Luton 0582 593445
Maidstone 01622 715400
Mill Hill 0181 203 7740
Milton Keynes 01908 692727
New Southgate 0181 368 1698
Newcastle-Under-Lyme 01782 711752

Northampton 01604 234143
Norwich 01603 417474
Nottingham 01159 413885
Oldbury 0121 544 7333
Orpington 01689 890353
Oxford 01865 747979
Penge 0181 778 4214
Rayleigh Weir 01268 745374
Reading 01734 584572
Richmond 0181 876 2235
Rochester 01634 200088
Romford 01708 730326
Sheffield 01742 555175
Southampton 01703 510098
Stockport 0161 474 7489
Swansea 01792 650935
Swindon 01793 487125
Tunbridge Wells 01892 546646
Wakefield 01924 387011
Walsall 01922 29524
Walsgrave 01203 602086
Waltham Cross 01992 625275
Walthamstow 0181 531 8233
Watford 01923 252075
Willesden 0181 459 3989
Wimbledon 0181 946 9802
Worcester 01905 420401
Worle 01934 512628
York 01904 643911

SUISSE
Bâle 061 2619757
Berne 031 210696
Genève (ameublement) 22 3103048
Genève (vêtements) 22 3113494
Zurich 01 2211394

ÉTATS-UNIS
Albany 518 452 4998
Ann Arbor 313 747 6620
Annapolis 410 268 6906
Ardmore 215 896 8293/0208
Arlington 703 415 2111
Atlanta-Lenox 404 231 0685
Atlanta-Perimeter 404 395 6027
Austin 512 451 4036
Bal Harbour 305 864 5628
Beachwood 216 831 7621
Birch Run 517 624 9297
Birmingham 205 985 0090
Bluffton 803 837 2366
Boca Raton 407 368 5622
Boston 617 536 0505
Bridgewater 908 725 3700
Buffalo 716 681 8600
Burlington/Boston 617 272 4540
Burlington/Vermont 802 658 5006
Cambridge 617 576 3690
Carmel-by-the-Sea 408 624 8095
Central Valley 914 928 4561
Charleston 803 723 3967
Charlotte 704 362 0926
Charlottesville 804 971 7707
Chattanooga 615 855 5496
Chestnut Hill 617 965 7640
Chestnut Hill 215 242 9262
Chicago 312 951 8004
Cincinnati 513 793 5535
Columbus 614 224 5057
Corte Madera 415 924 5770
Costa Mesa 714 545 9322
Cranston 401 946 1211
Dallas-Galleria 214 980 9858
Dalls Northpark 214 369 5755
Danbury 203 790 5068
Dayton 513 299 9007
Denver 303 571 0050
Denver-Cherry Creek 303 322 9401
Des Moines 515 243 8881
Destin 904 654 2626
Edina 612 920 2811
Fairfax 703 352 7960
Farmington 203 521 8967
Fort Lauderdale 305 563 2300
Forth Worth 817 346 4666
Freeport 207 865 3300
Germantown 901 756 7036
Gilroy 408 848 5470
Glendale 818 242 0428
Grand Rapids 616 942 6828
Greenville 302 575 1653
Greenwich 203 661 5678
Grosse Pointe 313 886 69960
Hackensack 201 488 0130
Hingham 617 740 4122
Honolulu 808 942 5200
Houston 713 871 9669
Houston/West Oaks 713 558 6113 + 917 9669 + 622 22 62
Indianapolis 317 848 9855
Jacksonville 904 358 7548
Jeffersonville 614 948 2016
Kansas City 816 931 0731
King of Prussia 610 354 9137
Knoxville 615 558 6385
Lake Forest 708 615 1405
Lancaster 717 397 7116
Lexington 606 253 1724
Little Rock 501 666 0272
Los Angeles 310 854 0490
Los Angeles 310 553 0807
Louisville 502 585 2424
Manhaset 516 365 4636
McLean 703 827 0074
Miami 305 233 8911
Milkwaukee 414 347 1930
Minnetonka 612 546 4613
Montgomery 205 284 7011
Myrtle Beach 803 236 4244
Nashville 615 383 0131
New Heaven 203 782 9436
Nouvelle-Orléans 504 5229 403
New York City/Westside 212 496 5110
New York City/57th Street 212 752 7300
New York City/South Street Seaport 212 809 3555
Newport 401 846 6980
North Bethesda 301 984 3223
Northbrook 708 480 1660
Novi 313 348 9260
Oakbrook 708 572 9195
Oklahoma City 405 848 6252
Omaha 402 390 2085
Orlando 407 351 2785
Osage Beach 314 348 1337
Owings Mills 410 363 2455
Palm Beach 407 832 3188
Palm Beach gardens 407 624 5901
Palm Springs 619 322 2099
Palo Alto 415 328 0560
Paramus 201 599 0650
Phoenix 602 956 6043
Pittsburgh 412 367 8881
Pittsburgh 412 621 0735
Pleasanton 510 463 8714
Portland 503 224 0703
Prince William 703 494 3124
Princeton 609 683 4760
Raleigh 919 781 1076
Reading 610 478 9604
Redondo Beach 310 542 4436
Richmond 804 644 1050
Richmond 804 740 1406
Ridgeland 610 957 9063
Rochester 507 287 1073
Sacramento 916 923 5696
Salt Lake City 801 363 8408
San Antonio 210 377 2833
San Diego 619 234 0663
San Diego 619 452 6116
San Francisco 415 788 0190
San Marcos 512 396 5570
Santa Ana 714 834 1211
Santa Barbara 805 682 8878
Santa Clara 408 244 3551
Scarsdale 914 723 8500
Schaumberg 708 619 9110
Seattle 206 343 9637
Secaucus 201 863 3066
Short Hills 201 467 5657
Skokie 708 673 6604
Southampton 516 287 2104
Stamford 203 324 1067
Stony Brook 516 689 6622
St Augustine 904 823 9533
St Louis 314 993 4410
Tampa 813 253 2177
Towson 410 825 0362
Troy 810 649 0890
Tulsa 918 749 5001
Walnut Creek 510 947 5920
Washington 202 686 4331
Washington 202 338 5481 + 686 1200
Westport 203 226 7495
Williamsburg 804 229 0353
Williamsburg 319 668 1555
Winston Salem 919 760 3733
Winter Park 407 740 8900
Woodbury 516 367 2810
Woodland Hills 818 346 7560
Worthington 614 433 9011

BOUTIQUES MÈRE ET ENFANT
Birmingham 205 987 7566
Chestnut Hill 617 965 5687
Cincinnati 513 891 0192
Denver-Cherry Creek 303 322 9403
Farmington-Hanford 203 561 4870
Hackensack-Riverside 201 342 1222
Houston 713 622 2262
Kansas City 816 931 2810
King of Prussia 610 354 9137
Nouvelle-Orléans 504 586 8652
North Bethesda-White Flint 301 230 0081
Princeton 609 683 1300
Redondo Beach 310 542 6228
Schaumberg 708 240 1910
Short Hills 201 467 5657
Stamford 203 359 9902
Tulsa 918 749 5001
Walnut Creek 510 947 3932
Washington 202 686 4333

BOUTIQUES D'AMEUBLEMENT
Alexandria 701 739 2144
Ardmore 215 896 8293
Atlanta 404 842 0102
Boston 617 357 5151
Burlingame 415 344 1774
Costa Mesa 714 545 7927
Dallas 214 691 6871
Kansas City 816 531 8971
New York City 212 735 5000
Ridgewood 201 670 0868
Short Hills 201 564 9600
Washington 202 686 1200

CANADA
Willowdale 416 223-9507
Calgary, Alberta 403 269-4090
London, Ontario 519 434-1703
Montréal 514 284-9225
Ottawa 613 238-4882
Québec 418 659-6660
Sherway Gardens, Etobicoke 416 620-7222
Toronto 416 922-7761
Toronto-Yorkdale 416 256-2040
Vancouver 604 688-8729
Winnipeg 204 943-3093

AUSTRALIE
VICTORIA
Armadale 03 509 3365
Camberwell 03 882 3986
Doncaster 03 840 1487
Geelong 05 221 3709
Melbourne 03 602 1268
Melbourne 03 663 7096
Melbourne 03 655 1680
Richmond 03 427 9268
South Melbourne 03 690 9666
South Yarra 03 827 4735

AUSTRALIE MÉRIDIONALE
Adelaïde 08 232 5211

AUSTRALIE OCCIDENTALE
Perth 09 321 2391
Karrinyup 09 445 1177

TASMANIE
Hobart Tas 002 34 3484

NOUVELLE-GALLES DU SUD
Sydney 02 261 2458
Sydney 02 232 2829
Chatswood 02 419 5352
Double Bay 02 327 1799
Mosman 02 968 1314
North Ryde 02 805 0665
Kotara 049 56 2836
Chatswood 02 411 9113

ACT
Canberra 06 285-2378
Civic 06 274-3309

QUEENSLAND
Brisbane 07 229-3982

JAPON
Ginza 03 3571 5011
Yagota 052 836 7086
Kichijoji 0422 21 1203
Jiyugaoka 03 3724 0051
Yokohama LMP 045 222 5308
Shibuya 03 3464 5011
Futako Tamagawa 03 3708 3151
Gifu Melsa 0582 66 3136
Fukuoka Tenjin 092 716 7415
Rokko Island 078 857 8119

JAPAN SHOPS IN SHOPS
TOKYO
Mitsukoshi Shinjuku 03 3225 7389
Mitsukoshi Nihonbashi 03 3241 5617
Mitsukoshi Ikebukuro 03 3987 6074
Tokyu 03 3477 3836
Keio Shinjuku 03 3344 0080
Mitsukoshi Ginza 03 3561 4050
Tobu Ikebukuro 03 3980 0041

AILLEURS AU JAPON
Mitsukoshi Yokohama 045 323 1683
Yokohama Prince Hotel 045 754 4655
Saikaya Kawasaki 0044 211 8581
Saikaya Yokosuka 0468 23 1234
Chiba Mitsukoshi 043 227 4731
Mitsukoshi Bandai 025 243 6333
Sapporo Tokyu 011 212 2658
Kintetsu Abeno 06 625 2332
Hankyu Umeda 06 365 0793
Kawanashi Hankyu 0727 56 1622
Mitsukoshi Hiroshima 082 241 5055
Hiroshima Sogo 082 225 2955
Hakata Izutsuya 092 452 2181
Fukuoka Tamaya 092 271 6588
Nagoya Mitsukoshi 052 252 1838
Matsuzakaya Nagoyacki 052 565 4339
Seishin Sogo 078 992 1586
Kobe Ilankyu 078 360 7528
Daimaru Kobe 078 333 4079
Tama Sogo 0423 39 2450
Kintetsu Kyoto 075 365 8024/8013
Be Me Machida Daimaru 042724 8174
Sanyo Himeji 0792 23 4792
Tenmaya Fukuyama 0849 27 2214
Mitsukoshi Matsuyama 0899 46 4829
Saikaya Fujisawa 0466 27 111
Matsuzukaya Yokkaichi 0593 551241
Tchita Tikiwa 0975 33 1741
Bon Belta Narita 0476 23 3236
Bon Belta Isojin Mito 0292 28 1185
Hanamatsu Matsubishi 053 452 2941
Kagoshima Mitsukoshi 0992 39 4635
Saga Tamaya 0952 28 0608
Kintetsu Nara 0742 30 2751

SINGAPOUR SHOPS IN SHOPS
Sogo 65 334 1014
Isetan Scotts 65 735 0495

TAIWAN SHOPS IN SHOPS
Ta-Lee-Isetan 886 7 241 8860
Pacific Sogo 886 2 740 9662
Shin Kong Mituskoshi 886 2 382 4859

ASIE
HONG KONG SHOPS IN SHOPS
Seibu 852 801 7849
Sogo 852 891 1787

REMERCIEMENTS

Les éditeurs aimeraient remercier les photographes et les organismes suivants de leur avoir aimablement accordé l'autorisation de reproduire les photographies de cet ouvrage : 8-9 Paul Ryan/International Interiors ; 13 Paul Ryan/International Interiors ; 16 et 17 Fritz von der Schulenburg/The Interior World ; 19 James Mortimer/The Interior World ; 25 Elizabeth Whiting Associates (EWA) ; 27 Lucinda Lambton/Arcaid ; 34 EWA ; 35 Tom Leighton/Elle Décoration ; 43 Paul Ryan/International Interiors ; 44 Marie Claire Maison/Morel Marie Pierre/Le Signe/Puech ; 50 (en bas à droite) et 64 Ari Ashley/The Interior World ; 65 Jan Baldwin/Homes & Gardens/Robert Harding ; 67 James Mortimer/The Interior World ; 78-79 EWA ; 80 EWA ; 81 Ken Kirkwood ; 92 Ari Ashley/The Interior World ; 92/93 Ken Kirkwood ; 94 (en bas à gauche) Paul Ryan/International Interiors ; 94-95 Camera Press ; 96 Richard Bryant/Arcaid ; 111 EWA ; 122-123 Ari Ashley/The Interior World ; 125 Ken Kirkwood ; 138 EWA. Les photographies suivantes ont été prises spécialement pour Laura Ashley/Ebury Press par Jan Baldwin : 3, 7, 50 (en haut à droite), 52, 53, 57, 58, 59, 61, 62, 68-69, 70, 73, 74, 75, 77, 82-83, 85, 87, 88, 89, 91, 98-99, 100, 101, 103, 104, 107, 112-113, 115, 117, 118, 119, 126-127, 129, 130, 133, 134. Toutes les photographies non comprises dans cette liste appartiennent aux archives de Laura Ashley.

Les éditeurs aimeraient aussi remercier The English Stamp Company (01929-439117), The Swedish Stove Company (01865-245077), Tintawn Carpets Ltd (01372-363393), The Blue Door (0181-748 9785), The Dining Room Shop (0181-878 1020), Artisan (0171-498 6974), Aga-Rayburn (01952-642000), C.P. Hart & Sons (0171-928 9660), And So to Bed (0171-731 3593), Keith Harrison, Andy and Jules Knight, Richenda and Jeremy Tonge, et Steve Whittle.

INDEX

Les principales références sont données en **gras**.
Les *italiques* renvoient aux légendes ou aux illustrations.